Katharina Clören

Das Nordamerikanische Freihandelsabkommen NAFTA

Welche Auswirkungen hat es auf die Wirtschaft in den USA?

Bibliografische Information der Deutschen Nationalbibliothek:

Die Deutsche Nationalbibliothek verzeichnet diese Publikation in der Deutschen Nationalbibliografie; detaillierte bibliografische Daten sind im Internet über http://dnb.d-nb.de abrufbar.

Impressum:

Copyright © Science Factory 2019

Ein Imprint der Open Publishing GmbH, München

Druck und Bindung: Books on Demand GmbH, Norderstedt, Germany

Covergestaltung: Open Publishing GmbH

Inhaltsverzeichnis

Abkürzungsverzeichnis IV

Abbildungsverzeichnis V

Tabellenverzeichnis VI

1 Einleitung 1

2 Die Freihandelszone als Mittel der wirtschaftlichen Integration 3

3 Einführung in die Theorien des Außenhandels 5

   3.1 Die Theorien des inter-industriellen Handels 5

   3.2 Die Theorien des intra-industriellen Handels 11

   3.3 Handelsschaffende und handelsumlenkende Effekte in Freihandelszonen 16

4 Grundzüge des nordamerikanischen Freihandelsabkommens 19

   4.1 Geschichtlicher Hintergrund und Ziele der Mitgliedsstaaten 19

   4.2 Zentrale Vertragsinhalte 22

5 Der Einfluss NAFTAs auf die US-amerikanische Wirtschaft 26

   5.1 Handelsentwicklung mit den NAFTA Partnern 26

   5.2 Fallbeispiel: Der Automobilsektor unter NAFTA 46

6 Kritische Betrachtung des neuen Freihandelsabkommens USMCA 55

7 Fazit 59

Literatur- und Quellenverzeichnis 62

Anhang 68

Abkürzungsverzeichnis

AMAI	Mexikanischer Automobilverband
ADI	Ausländische Direktinvestition
BIP	Bruttoinlandsprodukt
bspw.	Beispielsweise
bzw.	beziehungsweise
CAR	Center for Automotive Research
CUSFTA	Canada-United States Free Trade Agreement
d.h.	das heißt
Hrsg.	Herausgeber
NAFTA	North American Free Trade Agreement
NAICS	Nordamerikanisches Klassifizierungssystem für Waren
NHTSA	National Highway Traffic Safety Administration
Mio.	Millionen
Mrd.	Milliarden
S.	Seite
SITC	Standard International Trade Classification
TAA	Trade Adjustment Assistance Program
USMCA	United States-Mexico-Canada-Agreement
Versus	vs.
vgl.	vergleiche
WTO	Welthandelsorganisation

Abbildungsverzeichnis

Abb. 1: Auswirkungen einer Vergrößerung des Marktes..................13

Abb. 2: US-NAFTA Handel von Gütern zwischen 1993-2016..................27

Abb. 3: Intra-Firmenhandel nach Sektoren zwischen Mexiko und den USA (2016)..........38

Abb. 4: Der Anteil der wichtigsten US-Handelspartner am Handel mit Fahrzeugen und Fahrzeugteilen, 1993 vs. 2016..................52

Tabellenverzeichnis

Tabelle 1: US-Außenhandel, 1993 versus (vs.) 2016 28

Tabelle 2: Die wichtigsten US-Handelspartner, 1993 vs. 2016 31

Tabelle 3: US-Mexiko Handel 2017: Top 4 Export- und Importgüter 33

Tabelle 4: US-Handel mit Fahrzeugen und Fahrzeugteilen, 1993 vs. 2016 47

Tabelle 5: Der Anteil der wichtigsten US-Handelspartner am Handel mit Fahrzeugen und Fahrzeugteilen, 1993 vs. 2016 49

1 Einleitung

Am 01.01.1994 trat das nordamerikanische Freihandelsabkommen zwischen den USA, Kanada und Mexiko, kurz NAFTA genannt, in Kraft. Es handelte sich dabei um das erste Freihandelsabkommen zwischen zwei Industrieländern und einem Entwicklungsland. Von Anfang an gab es große Diskussionen in den USA über die Effekte dieses Abkommens. So erhofften sich Befürworter, wie der damalige Präsident Bill Clinton, jährlich tausende neue Arbeitsplätze durch die Gründung einer Freihandelszone. Gegner des Abkommens hingegen, befürchteten massive Arbeitsplatzverluste in Folge von Produktionsverlagerungen nach Mexiko, sowie sinkende Löhne und eine steigende wirtschaftliche Ungleichheit.[1] Auch im Wahlkampf des derzeitigen US-Präsidenten Donald Trump war NAFTA Gegenstand intensiver Diskussionen. So bezeichnete er NAFTA als das schlechteste Abkommen, dass die USA je unterzeichnet hat. Weiterhin drohte er mehrfach mit dem Austritt der USA aus dem Vertrag, da das Abkommen laut Trump für den Verlust von Hunderttausenden Arbeitsplätzen und für das hohe US-Handelsbilanzdefizit verantwortlich ist.[2] Am 18. Mai 2017 leitete die Trump-Administration eine Neuverhandlung des Abkommens ein.[3] Diese endete am 01. Oktober 2018 in einem neuen Freihandelsabkommen mit dem Namen United States-Mexico-Kanada-Agreement (USMCA), welches NAFTA ersetzen und zu starkem Wirtschaftswachstum sowie, laut Trump, zu „faireren Handel" führen soll.[4]

Angesichts der anhaltenden Diskussionen und Kritiken über NAFTA soll in dieser Arbeit untersucht werden, inwiefern das Freihandelsabkommen die Wirtschaft in den USA beeinflusst hat und ob die Behauptungen der Kritiker, wie Donald Trump, zutreffen. Dafür wird im folgenden Grundlagenteil zunächst das Konzept der Freihandelszone genauer erklärt sowie von dem Modell der Zollunion abgegrenzt. Im Anschluss daran erfolgt eine Einführung in die fundamentalen Theorien des Außenhandels, um dem Leser ein grundlegendes Verständnis für das Zustandekommen und die Sinnhaftigkeit des Außenhandels zu liefern. Dabei werden die Theorien des inter- und intra-industriellen Handels dargestellt sowie das Konzept der Handelsschaffung und Handelsumlenkung im Zuge von abgeschlossenen Präferenzabkommen. In einem nächsten Schritt wird näher auf den Entstehungs-

---

[1] Vgl. Hufbauer, Gary Clyde/Cimino, Cathleen/Moran, Tyler, Misleading, 2014, S. 1.
[2] Vgl. Süddeutsche Zeitung, Freihandelsabkommen, 2018, ohne Seitenangabe.
[3] Vgl. Villareal, M. Angeles/Fergusson, Ian F., Agreement, 2017, S. 1.
[4] Vgl. Süddeutsche Zeitung, Freihandelsabkommen, 2018, ohne Seitenangabe.

hintergrund des Abkommens und die Absichten der einzelnen Mitgliedsstaaten eingegangen. Daran anknüpfend werden die vertraglich festgelegten Ziele, sowie die elementaren Vertragsinhalte genauer dargestellt. Zudem werden die beschlossenen Maßnahmen für den Automobilsektor näher erläutert. Anschließend erfolgt eine makroökonomische Betrachtung der Handelsentwicklung der USA mit den beiden NAFTA-Vertragspartnern seit Bestehen des Abkommens. Für die Analyse wird auf Handelsdaten der drei Mitgliedsstaaten sowie auf durchgeführte Studien zu diesem Thema zurückgegriffen. Abgeschlossen wird das Kapitel durch eine Darstellung der Automobilindustrie innerhalb des Integrationsraums. Nach dieser Untersuchung erfolgt eine kritische Betrachtung des neuen Freihandelsabkommens USMCA, wobei der Fokus auf den beschlossenen Maßnahmen für den Automobilsektor liegt. Abschließend werden die gewonnenen Kenntnisse in einer Schlussbetrachtung zusammengeführt, um die eingangs formulierte Fragestellung zu beantworten.

2 Die Freihandelszone als Mittel der wirtschaftlichen Integration

Die NAFTA Mitgliedstaaten bilden eine Freihandelszone. Eine Freihandelszone definiert sich als Zusammenschluss von mindestens zwei Staaten, die mittels eines völkerrechtlichen Vertrages das Ziel der regionalen Handelsliberalisierung anstreben. Um dies zu erreichen, werden tarifäre, sowie nicht tarifäre Handelshemmnisse, beispielsweise (bspw.) in Form von Zöllen und Importquoten, innerhalb der Freihandelszone abgebaut. Jedoch verfügen die einzelnen Mitgliedsstaaten weiterhin über die Autonomie zur Gestaltung der Handelspolitik und der Außenzölle gegenüber Drittstaaten.[5]

In diesem letzten Aspekt unterscheidet sich das Konzept der Freihandelszone von dem der Zollunion, welche ein weiteres Instrument des Freihandels darstellt. Im Falle einer Zollunion gilt zusätzlich ein gemeinsamer externer Zolltarif gegenüber Drittstaaten, was folglich einer stärkeren politischen Kooperation bedarf. Ein weiterer Unterschied zwischen diesen beiden Konzepten besteht darin, dass im Falle einer Freihandelszone sogenannte Ursprungsregeln, zu Englisch „rules of origin", für den Warenverkehr innerhalb einer Freihandelszone von entscheidender Bedeutung sind. Diese legen die Kriterien zur Feststellung der Güterherkunft fest und bestimmen demnach, welche Güter sich für den freien Intrahandel innerhalb der Freihandelszone qualifizieren. Diese Kriterien können bei jedem Freihandelsabkommen variieren. Sie umfassen am häufigsten die Festsetzung eines monetären oder physischen Mindestwertschöpfungsanteils, auch „local content" genannt, der innerhalb der Freihandelszone erbracht werden muss, damit das Gut präferenzberechtigt ist. Eine weitere Möglichkeit besteht bspw. in der Festlegung von spezifischen Verarbeitungsprozessen, die innerhalb der Freihandelszone vollzogen werden müssen.[6] Ohne Ursprungsregeln träte der sogenannte Handelsablenkungseffekt, zu Englisch „trade deflection", ein. Dies würde bedeuten, dass Drittstaaten die Außenzolldifferenzen der Mitgliedsstaaten ausnutzen und Güter über den Mitgliedsstaat mit den niedrigsten Zollsätzen in die Freihandelszone einführen. Ursprungsregeln stellen jedoch besonders im Falle von be- und verarbeiteten Gütern

---

[5] Vgl. Blank, Jürgen E./Clausen, Hartmut/Wacker, Holger, Integration, 1998, S. 57.
[6] Vgl. Dieter, Heribert, Ursprungsregeln, 2004, S. 8-11.

einen erheblichen administrativen Aufwand für die Mitgliedsstaaten und die Unternehmen in einer Freihandelszone dar.[7]

Die Anzahl an Freihandelszonen hat in den letzten Jahrzehnten stark zugenommen, wodurch eine Tendenz hin zur regionalen Handelsliberalisierung erkennbar wird. So ist beispielsweise die USA aktuell Mitglied in 14 Freihandelsabkommen mit insgesamt 20 Handelspartnern. Diese neue Entwicklung der Regionalisierung des Welthandels stellt zugleich eine Abkehr von der multilateralen Handelsliberalisierung dar, welche von der Welthandelsorganisation (WTO) angestrebt wird. Die Fortschritte in den Verhandlungen über multilateralen Freihandel haben sich in den letzten Jahrzehnten stark verlangsamt, was unter anderem auf die hohe Anzahl an beteiligten Staaten, mit zum Teil stark divergenten Interessen zurückzuführen ist. De facto verstoßen Präferenzabkommen, worunter Freihandelsabkommen und Zollunionen fallen, gegen das Meistbegünstigungsprinzip der WTO. Dieses Prinzip bildet eines der Hauptprinzipien der WTO, zu denen sich alle aktuell 164 Mitgliedsstaaten, darunter auch die NAFTA Staaten, verpflichtet haben. Es besagt, dass alle Handelsvorteile, die ein Vertragsstaat einem anderen einräumt, auch allen anderen Vertragspartnern im Sinne der Gleichberechtigung zu gewähren sind. Jedoch werden Präferenzabkommen in Form von Freihandelsabkommen und Zollunionen unter bestimmten Bedingungen als Ausnahme zugelassen, da davon ausgegangen wird, dass solche Abkommen zusätzlichen Handel schaffen und den internationalen Freihandel verstärken, was zu den wichtigsten Zielen der WTO zählt.[8]

---

[7] Vgl. Blank, Jürgen E./Clausen, Hartmut/Wacker, Holger, Integration, 1998, S. 71f.
[8] Vgl. Williams, Brock R., Agreements, 2018, S. 2-7.

3 Einführung in die Theorien des Außenhandels

Das folgende Kapitel beschäftigt sich ausschließlich mit der Außenhandelstheorie, um den Leser mit den fundamentalen Modellen vertraut zu machen. Eine Darstellung aller Theorien des Außenhandels ist jedoch durch den beschränkten Umfang dieser Arbeit nicht möglich. Ebenfalls wird nicht das Ziel verfolgt, eine vollständige und kritische Analyse der beschriebenen Theorien darzulegen, sondern vielmehr soll dem Leser ein grundlegendes Verständnis für das Zustandekommen und die Implikationen des Außenhandels vermittelt werden. Vorweg ist zu erwähnen, dass die folgenden Theorien auf idealtypischen Bedingungen und simplifizierten Annahmen beruhen und daher nicht ohne Einschränkung auf die reale Wirtschaft angewandt werden können.

3.1 Die Theorien des inter-industriellen Handels

Zunächst sollen die theoretischen Modelle des inter-industriellen Handels näher erläutert werden. Inter-industrieller Handel ist definiert als internationaler Austausch von Gütern unterschiedlicher Branchen beziehungsweise Produktionssektoren.[9]

Im Fokus aller im Folgenden beschriebenen Theorien steht die Annahme, dass asymmetrische Produktionsvoraussetzungen und Faktorausstattungen zwischen Ländern dazu führen, dass sich diese auf die Fertigung und den Export verschiedener Güter spezialisieren.[10]

3.1.1 Theorie der absoluten und komparativen Kostenvorteile

Die ersten Ansätze über die Vorteilhaftigkeit des Außenhandels gehen zurück auf den Nationalökonomen Adam Smith, welcher Ende des 18. Jahrhunderts seine Theorie der absoluten Kostenvorteile aufstellte. Er versuchte nachzuweisen, dass es sich bei Außenhandel nicht um ein Nullsummenspiel handelt, sondern dass internationaler Güteraustausch sowie internationale Arbeitsteilung für die beteiligten Länder wohlfahrtssteigernd wirken kann.[11] Smith beschreibt die Theorie der absoluten Kostenvorteile in seinem Buch „Wealth of Nations" wie folgt:

---

[9] Vgl. Gerber, James, International, 2017, S. 119.
[10] Vgl. Neumaier, Simon-M., Wirtschaft, 2006, S. 193.
[11] Vgl. Ebd.

„If a foreign country can supply us with a commodity cheaper than we ourselves can make it, better buy it of them with some part of the produce of our own country, employed in a way in which we have some advantage."[12]

Demnach profitieren Länder vom Handel miteinander, wenn sie sich auf die Herstellung jener Güter spezialisieren, die sie im internationalen Vergleich absolut kostengünstiger, das heißt (d.h.) produktiver herstellen können als andere Länder. Diese Güter werden folglich exportiert und Güter, bei denen verglichen mit einem anderen Land ein absoluter Kostennachteil vorliegt, werden importiert. Dabei sind absolute Kostenvorteile und -nachteile laut Smith auf Unterschiede in der Produktivität des Faktors Arbeit zurückzuführen. Indem durch Spezialisierung und Außenhandel die weltweite Produktion gesteigert wird, erhöht sich folglich auch die Wohlfahrt der beteiligten Länder.[13] Der Begriff der Wohlfahrt wird im Rahmen dieser Arbeit definiert als die objektive Lebensqualität der Individuen einer Volkswirtschaft, die sich auf Indikatoren wie den Lebensstandard stützt.[14] Das Modell der absoluten Kostenvorteile ist in seiner Aussagekraft jedoch limitiert. Es kann weder erklären, warum Länder ohne absoluten Kostenvorteil dennoch am Außenhandel teilnehmen, noch worin die Vorteilhaftigkeit im Außenhandel liegt, sollte ein Land alle benötigten Güter im internationalen Vergleich kostengünstiger produzieren können.[15]

An diesem Kritikpunkt setzt die Theorie der komparativen Kostenvorteile an, welche Anfang des 19. Jahrhunderts von David Ricardo vorgestellt wurde. Gemäß dieser Theorie ist internationaler Güteraustausch auch bei fehlenden absoluten Kostenvorteilen für die beteiligten Länder von Vorteil, da komparative Kostenvorteile für das Zustandekommen von Außenhandel ausschlaggebend sind. Ein Land verfügt über einen komparativen Kostenvorteil, sofern es ein Gut im internationalen Vergleich relativ kostengünstiger und folglich mit geringeren Opportunitätskosten herstellen kann als seine Handelspartner. Opportunitätskosten werden definiert als der entgangene Nutzen einer nicht gewählten Alternative.[16] In diesem Kontext bedeutet dies, auf wie viele Einheiten eines Gutes x verzichtet werden muss, um

---

[12] Smith, Adam, Wealth, 1776, S. 424.
[13] Vgl. Neumaier, Simon-M., Außenhandel, 2006, S. 193.
[14] Vgl. Mankiw, Gregory M./Taylor, Mark P., Grundzüge, 2018, S. 225.
[15] Vgl. Neumaier, Simon-M., Außenhandel, 2006, S. 195.
[16] Vgl. Mankiw, Gregory M./Taylor, Mark P., Grundzüge, 2018, S. 5.

eine weitere Einheit y herstellen zu können und vice versa. Daraus folgt für die Richtung der Handelsströme, dass ein Land sich mit seinen jeweils begrenzten Ressourcen auf die Produktion und den Export jener Güter spezialisiert, bei denen es über einen komparativen Kostenvorteil verfügt. Güter, die, verglichen mit den Handelspartnern, in der Produktion mit höheren Opportunitätskosten verbunden sind, werden importiert.[17] Ricardo geht bei seinem Modell davon aus, dass komparative Kostenvorteile, ähnlich wie bei Smith, durch Produktivitätsunterschiede entstehen, woraus folgt, dass sich die Produktionsfunktionen in den Ländern unterscheiden. Solche Differenzen in der Produktivität können unter anderem natürlichen Gegebenheiten geschuldet sein, wie bspw. die Verfügbarkeit von bestimmten Rohstoffen wie Kohle, oder aber sie können aufgrund von asymmetrischen technologischen Niveaus zwischen Ländern bestehen.[18]

Laut Ricardo begründen sich die Außenhandelsgewinne darin, dass aufgrund von Spezialisierung und Außenhandel die Gesamtproduktion beider Länder gesteigert werden kann, da der Produktionsfaktor Arbeit effizienter genutzt wird. Folglich erhöhen sich ebenfalls die Konsummöglichkeiten und die Wohlfahrt der miteinander handelnden Länder, ohne dass der Ressourceneinsatz vergrößert wird.[19] Aus dem Modell der komparativen Kostenvorteile, nach Ricardo, geht jedoch lediglich hervor, dass eine Volkswirtschaft als Ganzes durch Außenhandel profitiert, nicht jedoch, auf welche Weise Außenhandelsgewinne in der Volkswirtschaft verteilt sind.[20]

An dieser Stelle sei anzumerken, dass Ricardos Modell auf einer Vielzahl von simplifizierenden Annahmen beruht. So betrachtet er in seinem Modell lediglich zwei Länder, die jeweils dieselben zwei Güter herstellen. Weiterhin ist der einzige Produktionsfaktor Arbeit in beiden Ländern homogen, erbringt konstante Grenzerträge und ist national vollständig mobil, international jedoch immobil. Darüber hinaus herrscht Vollbeschäftigung sowie vollständiger Wettbewerb, was bedeutet, dass die Güterpreise den Grenzkosten entsprechen. Zusätzlich bestehen, sofern Außenhandel betrieben wird, keine Handelsbarrieren wie bspw. Zölle oder Transportkosten.[21] Anhand dieser Annahmen lässt sich schlussfolgern, dass Ricardos

---

[17] Vgl. Poon, Jessie./Rigby, David L., Basics, 2017, S. 18ff.
[18] Vgl. Bleuel, Hans-Hubertus, Management, 2017, S. 34.
[19] Vgl. Ebd., S. 27f.
[20] Vgl. Gerber, James, International, 2017, S. 82f.
[21] Vgl. Ebd., S. 68.

Modell keine allumfassende Erklärung der Gründe und Folgen des Außenhandels darstellt. Jedoch sind seine Kernaussagen, dass Produktivitätsdifferenzen eine entscheidende Rolle im Außenhandel spielen und dass nicht absolute, sondern komparative Kostenvorteile relevant sind, immer noch essentiell. So konnte in einer Reihe von Studien nachgewiesen werden, dass Volkswirtschaften vorwiegend solche Güter exportieren, bei denen sie über eine relativ hohe Produktivität verfügen.[22]

3.1.2 Heckscher-Ohlin Modell

Das Heckscher-Ohlin Modell beschäftigt sich ebenfalls mit komparativen Kostenvorteilen. Jedoch sind diese, anders als bei Ricardo, nicht auf Produktivitätsdifferenzen zurückzuführen, sondern auf asymmetrische Faktorausstattungen zwischen den Ländern. Dementsprechend wird nicht mehr unterstellt, dass Arbeit den einzigen Produktionsfaktor darstellt.[23] Im Folgenden sollen die wesentlichen Aussagen des Heckscher-Ohlin Modells anhand des Faktorproportionentheorems und des darauf aufbauenden Stolper-Samuelson-Theorems verdeutlicht werden. Auf eine Erläuterung des Faktorausgleichstheorems sowie des weiterführenden Rybcynski-Theorems wird in dieser Arbeit verzichtet.

Gemäß dem Faktorproportionentheorem, welches die Basis des Heckscher-Ohlin Modells bildet, unterscheiden sich Volkswirtschaften in ihrer Ausstattung in den Faktoren Arbeit, Land und Kapital. Weiterhin variiert die Intensität der Nutzung dieser Faktoren in der Produktion verschiedener Güter.[24] Es wird angenommen, dass miteinander handelnde Länder über identische Technologien verfügen und vollkommener Wettbewerb herrsche. Außerdem gelten, ähnlich wie bei Ricardo, die Annahmen von nationaler Faktormobilität und internationaler Faktorimmobilität sowie nicht existenter Handelsbarrieren.[25] Das Theorem besagt, dass Länder bei jenen Gütern über komparative Kostenvorteile verfügen, die in der Produktion die relativ reichlich vorhandenen Produktionsfaktoren intensiv nutzen. Denn diese sind, verglichen mit relativ knapp vorhandenen Produktionssektoren, relativ günstig. Folglich werden diese Güter durch den Kostenvorteil vorrangig exportiert. Dagegen werden Güter, deren Produktion die relativ knappen Produktionsfaktoren

---

[22] Vgl. Krugman, Paul R./Obstfeld, Maurice/Melitz, Marc J., Economics, 2015, S. 86f.
[23] Vgl. Reinert, Kenneth, Introduction, 2012, S. 61.
[24] Vgl. Gerber, James, International, 2017, S. 90f.
[25] Vgl. Poon, Jessie./Rigby, David L., Basics, 2017, S. 25f.

intensiv bedarf, vorrangig importiert. Wie in dem Modell der komparativen Kostenvorteile, erfolgt beim Freihandel eine Spezialisierung auf Güter, bei denen die Volkswirtschaft über komparative Kostenvorteile verfügt. Dementsprechend expandieren die Sektoren, die die relativ reichlich vorhandenen Produktionsfaktoren intensiv nutzen. Daraus folgt, dass die relativ reichlich vorhandenen Produktionsfaktoren stärker nachgefragt werden, wodurch deren Preise tendenziell steigen. Für die relativ knappen Produktionsfaktoren verhält es sich genau gegenteilig. Durch eine geringere Produktion sinkt die Nachfrage und somit auch die Faktorentlohnung. Folglich schrumpfen diese Sektoren tendenziell, was mit Arbeitsplatzverlusten einhergeht. An dieser Stelle setzt das Stolper-Samuelson Theorem an, welches eine Ergänzung des Faktorproportionentheorems darstellt. Es besagt, dass sobald eine Volkswirtschaft sich von Autarkie abwendet und Außenhandel betreibt, eine Einkommensumverteilung aufgrund der Produktionsumstellung festzustellen ist. Dementsprechend profitieren tendenziell die relativ reichlich vorhandenen Produktionsfaktoren, da sie intensiv im expandierenden Exportsektor genutzt werden. Die relativ knappen Produktionsfaktoren hingegen werden tendenziell Einkommenseinbußen erleiden, da der Sektor mit günstigeren Importprodukten konkurriert und tendenziell schrumpft. Daraus lässt sich schlussfolgern, dass Besitzer der relativ reichlich vorhandenen Produktionsfaktoren, Außenhandel eher positiv gegenüberstehen, wohingegen der Widerspruch gegen Außenhandel und der Wunsch nach Schutzmaßnahmen von Besitzern der relativ knappen Produktionsfaktoren zu erwarten ist.[26]

Die Überlegungen des Faktorproportionentheorems und des Stolper-Samuelson Theorems lassen sich ebenfalls auf den Handel in sogenannten Nord-Süd Kooperationen übertragen, also dem Handel zwischen Industrienationen und Entwicklungs- bzw. Schwellenländern. Industrienationen sind tendenziell relativ reichlich mit dem Produktionsfaktor Kapital ausgestattet. Entwicklungs- bzw. Schwellenländer besitzen tendenziell eine relativ große Ausstattung vom Produktionsfaktor Arbeit. Ein klassisches Beispiel der Nord-Süd Kooperation ist der Handel zwischen Mexiko und den USA. Der Theorie zufolge exportieren Industrienationen, wie bspw. die USA, im Falle von internationalem Güteraustausch tendenziell kapitalintensive

---

[26] Vgl. Reinert, Kenneth, Introduction, 2012, S. 62f.

Güter, wohingegen Entwicklungs- bzw. Schwellenländer, in dem Falle Mexiko, vorrangig arbeitsintensive Güter exportieren.[27]

An dieser Stelle ist die empirische Untersuchung von Wassily Leontief zu nennen, der 1953 anhand einer Analyse der Export- und Importdaten der USA festgestellt hat, dass die Importe, entgegen der Erwartungen, eine höhere Kapitalintensität aufwiesen als die Exporte der USA. Diese Entdeckung wurde später bekannt als „Leontief-Paradoxon". Anhand dieser Untersuchung ließ sich ebenfalls feststellen, dass eine qualitative Unterscheidung des Faktors Arbeit durchzuführen ist, da es sich bei den arbeitsintensiven Exporten der USA überwiegend um Hochtechnologie Güter handelte, für die es vorwiegend hochqualifizierte Arbeiter, also ein hohes Maß an Humankapital, in der Produktion bedarf.[28] Überträgt man nun diese Unterscheidung zwischen hoch- und niedrigqualifizierten Arbeitskräften auf den Nord-Süd Handel, lässt sich schlussfolgern, dass Industrienationen dazu tendieren, einen komparativen Vorteil in der Herstellung von humankapitalintensiven Gütern zu besitzen. Entwicklungs- bzw. Schwellenländer dagegen, verfügen tendenziell über komparative Vorteile in der Produktion von Gütern, die über einen hohen Bedarf an niedrigqualifizierten Arbeitskräften verfügen. Gemäß dem Stolper-Samuelson Theorem hätte dies zur Folge, dass in den Industrienationen die Löhne hochqualifizierter Arbeitskräfte wegen der Spezialisierung auf humankapitalintensive Güter steigen und die Löhne niedrigqualifizierter Arbeiter sinken. Dies führe schlussendlich zu einem größeren Einkommensungleichgewicht. In den Entwicklungs- bzw. Schwellenländern wäre genau das Gegenteil festzustellen und das Ergebnis wäre folglich eine sinkende Einkommensdisparität.[29] Im Hinblick auf die aggregierten Außenhandelsgewinne sei zu erwähnen, dass durch Spezialisierung und internationalen Güteraustausch, ähnlich wie in dem Beispiel unter 3.1.1, die Konsummöglichkeiten einer Volkswirtschaft jenseits ihrer Produktionsmöglichkeiten gesteigert werden können, wodurch folglich auch die allgemeine Wohlfahrt gesteigert werden kann.[30]

---

[27] Vgl. Ebd., S. 64f.
[28] Vgl. Bleuel, Hans-Hubertus, Management, 2017, S. 35.
[29] Vgl. Reinert, Kenneth, Introduction, 2012, S. 64f.
[30] Vgl. Krugman, Paul R./Obstfeld, Maurice/Melitz, Marc J., Economics, 2015, S. 145.

3.2 Die Theorien des intra-industriellen Handels

Die im vorangegangen Kapitel dargestellten Modelle stoßen an ihre Grenzen, sobald der Versuch unternommen wird, das Zustandekommen von intra-industriellem Handel zu erklären. Dieser ist definiert als internationaler Austausch von Gütern derselben Branche, woraus folgt, dass ein Land Güter aus derselben Branche sowohl exportiert als auch importiert.[31] Schätzungen zufolge entsprechen im Falle einer Vielzahl von Industrienationen bereits zwischen 60%-70% aller Handelsströme intra-industriellem Handel.[32] Aufgrund dieser hohen Bedeutsamkeit wird im folgenden Kapitel das Zustandekommen des intra-industriellen Handels mit Hilfe der „neuen Außenhandelstheorie" veranschaulicht. Intra-industrieller Handel kann weiter untergliedert werden in horizontalen und vertikalen intra-industriellen Handel. Dabei basiert horizontaler intra-industrieller Handel auf den Konzepten der Produktdifferenzierung sowie der Skalenerträge und bezieht sich auf den Handel von ähnlichen Gütern derselben Verarbeitungsstufe. Vertikaler intra-industrieller Handel hingegen, gründet auf internationalen Wertschöpfungsketten und bezieht sich auf den Handel mit Gütern unterschiedlicher Verarbeitungsstufen.[33]

Bevor näher auf diese beiden Arten des intra-industriellen Handels eingegangen wird, sei zunächst der Begriff der Branchenabgrenzung zu erwähnen. Um intra-industriellen Handel zu erfassen und analysieren zu können, muss festgelegt sein, welche Güter derselben Branche angehören. In diesem Zuge wird oft auf das Standard Industrial Trade Classification-System (SITC) zurückgegriffen, ein internationales Warenverzeichnis der Vereinten Nationen. Es umfasst fünf Aggregationsstufen, wobei die Kategorisierungen einer Branche Stufe für Stufe feiner und spezifischer werden, so dass in der letzten Gliederungsstufe lediglich direkte Substitute zu einer Branche gezählt werden. Wie hoch der Anteil von intra-industriellem Handel ist, hängt in Außenhandelsstatistiken demnach von der verwendeten Aggregationsstufe ab.[34]

---

[31] Vgl. Gerber, James, International, 2017, S. 119.
[32] Vgl. Poon, Jessie./Rigby, David L., Basics, 2017, S. 33.
[33] Vgl. Reinert, Kenneth, Introduction, 2012, S. 47.
[34] Vgl. Morasch, Karl/ Bartholomae, Florian, Handel, 2017, S. 182f.

3.2.1 Horizontaler intra-industrieller Handel

Um das Zustandekommen intra-industriellen Handels zu erläutern, wird zunächst die in den vorigen Modellen unterstellte Annahme von konstanten Skalenerträgen aufgehoben und durch steigende Skalenerträge ersetzt, was zudem weitaus häufiger in der Realität anzutreffen ist. Zunehmende Skalenerträge zeichnen sich dadurch aus, dass bei einer proportionalen Erhöhung des Inputs, der Output überproportional steigt. Mit Blick auf die Kostenstruktur bedeutet dies, dass die Durchschnittskosten bei steigender Produktionsmenge sinken. Diese Skalenerträge können entweder intern, oder extern anfallen. Man bezeichnet Skalenerträge als extern, sofern sie auf Branchenebene anfallen, wohingegen interne Skalenerträge auf Unternehmensebene anfallen.[35] In den folgenden Ausführungen wird sich jedoch auf interne Skalenerträge und deren Implikationen für den intra-industriellen Handel fokussiert, da externe Skalenerträge zu branchenumfassenden Wettbewerbsvorteilen führen, wodurch vorrangig das Zustandekommen von inter-industriellem Handel erklärt werden kann.[36]

Interne Skalenerträge führen zu Marktstrukturen mit unvollständigem Wettbewerb. Somit wird auch die in den klassischen Theorien des inter-industriellen Handels unterstellte Annahme des vollkommenen Wettbewerbs aufgehoben. Von besonderer Bedeutung ist dabei die Marktstruktur des monopolistischen Wettbewerbs. Dieser ist geprägt von einer Vielzahl an kleinen Unternehmen, die jeweils über keinen erheblichen Marktanteil verfügen und differenzierte Produkte anbieten, die keine perfekten Substitute darstellen. Im Falle von Außenhandel entsteht ein größerer, integrierter Markt. Für die Unternehmen besteht der Anreiz, zusätzlich den ausländischen Markt durch Exporte zu bedienen, um einen kompetitiven Vorteil zu erlangen, da sie durch eine höhere Produktion interne Skaleneffekte und somit sinkende Durchschnittskosten erreichen können.[37] Der Effekt eines integrierten, größeren Marktes durch Außenhandel soll anhand der Abbildung 1 verdeutlicht werden.

---

[35] Vgl. Gerber, James, International, 2017, S. 120.
[36] Vgl. Bleuel, Hans-Hubertus, Management, 2017, S. 41.
[37] Vgl. Gerber, James, International, 2017, S. 121.

Einführung in die Theorien des Außenhandels

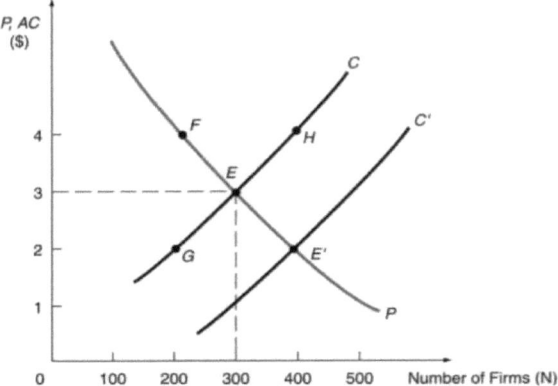

Abb. 1: Auswirkungen einer Vergrößerung des Marktes
(Quelle: Gerber, James, International, 2017, S. 121.)

Die x-Achse zeigt die Anzahl an Firmen in einer Branche, die y-Achse bildet die Durchschnittskosten sowie die Preise ab. Die Gerade P zeigt die Beziehung zwischen der Unternehmensanzahl und den Preisen. Ihre Steigung ist negativ, denn durch eine zunehmende Anzahl an Firmen steigt die Wettbewerbsintensität, woraus ein Abwärtsdruck auf die Marktpreise entsteht. Die Gerade C bildet den Zusammenhang zwischen den Durchschnittskosten eines Unternehmens und der Unternehmensanzahl der Branche ab. Sie hat eine positive Steigung, da mit steigendem Wettbewerb die Absatzmenge eines Unternehmens sinkt, was zu höheren Durchschnittskosten führt. Wenn der Preis über dem Gleichgewichtspreis von 3 liegt, besteht für neue Unternehmen der Anreiz des Markteintritts, da Gewinne erwirtschaftet werden können. Neue Unternehmen werden folglich so lange in den Markt eintreten, bis jegliche Gewinne durch den Wettbewerb verhindert werden und wieder ein Gleichgewicht erreicht ist. Bei Preisen unterhalb des Gleichgewichtspreises hingegen ist genau das Gegenteil zu beobachten. Die Gerade C' zeigt den Effekt einer Vergrößerung des Marktes auf das langfristige Gleichgewicht. Die Rechtsverschiebung der Geraden stellt dar, dass es den Unternehmen in einem größeren Markt bei ansonsten konstanten Bedingungen möglich ist, ihre Produktion zu steigern und die Durchschnittskosten durch Skaleneffekte zu senken. Außenhandel und ein integrierter Markt führen jedoch auch zu einer gestiegenen Wettbewerbsintensität und die Unternehmen sind gezwungen, den Vorteil niedrigerer

Durchschnittskosten an die Konsumenten in Form von niedrigeren Preisen weiterzuleiten.[38]

Unternehmen unterscheiden sich jedoch in ihrer Leistungsfähigkeit und ihrer Kostenstruktur und daher werden nicht alle Unternehmen dem gestiegenen Wettbewerb durch den integrierten Markt standhalten können. Folglich wird der Marktanteil ineffizient produzierender Unternehmen schrumpfen oder sie scheiden aus dem Markt aus, wohingegen die Unternehmen mit niedrigen Kostenniveaus von einem integrierten Markt profitieren und expandieren. Insgesamt ist somit zu erwarten, dass durch Außenhandel die Gesamtproduktivität der Branche steigt, da sich die Produktion auf produktive Unternehmen mit niedrigen Kostenstrukturen konzentriert. Weitere wohlfahrtsschaffende Effekte des integrierten Marktes sind die niedrigeren Kosten für die Konsumenten und somit ein höheres reales Einkommen sowie eine höhere Produktvielfalt, da das Güterangebot nicht mehr auf den Heimatmarkt beschränkt ist. Obwohl Unternehmen aus dem integrierten Markt ausscheiden, umfasst das neue Marktgleichgewicht eine größere Anzahl an Unternehmen, als in den jeweiligen nationalen Märkten, bevor Außenhandel betrieben wurde. Schlussfolgernd lässt sich sagen, dass die Theorie der Produktdifferenzierung und der internen Skalenerträge verdeutlicht, weshalb der internationale Austausch ähnlicher Güter zustande kommt und weshalb Länder miteinander handeln, die sich nicht hinsichtlich ihrer Ressourcenausstattung oder ihrer Technologie unterscheiden.[39]

3.2.2 Vertikaler intra-industrieller Handel

Bei allen bisher beschriebenen Theorien des Außenhandels wurde implizit angenommen, dass alle Produktionsprozesse in einem einzigen Unternehmen durchgeführt werden, sowie dass es sich bei den international gehandelten Gütern ausschließlich um Endprodukte handelt. Diese beiden Annahmen werden nun aufgehoben, um das Zustandekommen von vertikalem intra-industriellem Handel zu erläutern. Dieser gründet auf dem Konzept der internationalen Fragmentierung von Produktionsprozessen mittels Offshoring und globalem Outsourcing.[40] Es sei jedoch an dieser Stelle zunächst erwähnt, dass es streitig ist, ob der Handel von Gütern unterschiedlicher Produktionsstufen strikt als intra-industrieller Handel zu

---

[38] Vgl. Ebd., S. 122f.
[39] Vgl. Krugman, Paul R./Obstfeld, Maurice/Melitz, Marc J., Economics, 2015, S. 246f, 254f.
[40] Vgl. Reinert, Kenneth, Introduction, 2012, S. 47.

klassifizieren ist. Wie bereits unter 3.2 erläutert, hängt es von dem Grad der Branchenabgrenzung ab, inwiefern Güter derselben Branche zugeordnet werden. Folglich bedarf es für die Erfassung des vertikalen intra-industriellen Handels einer eher breit gefassten Warenkategorisierung.

Der Produktionsprozess eines Gutes besteht aus mehreren Schritten bzw. Wertschöpfungsstufen, bevor das fertige Produkt an den Konsumenten gelangt. Diese Produktionsschritte unterscheiden sich in der Intensität der Nutzung von Produktionsfaktoren, wodurch in diesem Kapitel wieder auf das bereits unter 3.1.1 und 3.1.2 beschriebene Modell des komparativen Vorteils zurückgegriffen wird. Folglich erscheint es für Unternehmen zunächst sinnvoll, die einzelnen Produktionsschritte auf verschiedene Standorte zu verteilen und globale Wertschöpfungsketten zu bilden, um die komparativen Vorteile und interne Skalenerträge optimal zu nutzen.[41] Diese Fragmentierung des Produktionsprozesses erreichen Unternehmen mittels Offshoring oder globalem Outsourcing. Entscheidet sich ein Unternehmen Offshoring zu betreiben, findet eine Verlagerung von Teilen der Wertschöpfungskette in ausländische Tochtergesellschaften statt. Dadurch bilden sich globale Produktionsketten und grenzüberschreitender Handel von Zwischen- und Endprodukten zwischen verschiedenen Standorten multinationaler Unternehmen, auch intra-Firmenhandel genannt.[42] Einen entscheidenden Bestandteil des Offshoring bilden vertikale ausländische Direktinvestitionen. Ausländische Direktinvestitionen (ADI) im Allgemeinen, werden definiert als grenzüberschreitende Kapitalanlage in ein ausländisches Unternehmen, mit dem Ziel, maßgeblichen Einfluss auf dessen Geschäftstätigkeit zu erreichen.[43] Somit wird auch die bisher unterstellte Annahme international immobiler Produktionsfaktoren aufgehoben. Bei vertikalen ADI handelt es sich um Investitionen zur Auslagerung einzelner Produktionsprozesse in ausländische Tochtergesellschaften. Alternativ besteht für Unternehmen die Möglichkeit des Outsourcings ins Ausland, d.h. die Vergabe der auszulagernden Produktionsstufen an ein ausländisches unabhängiges Unternehmen. Bei der Entscheidung zwischen der Internalisierung und der Vertragsbeziehung mit einem unabhängigen Unternehmen gibt es eine Vielzahl abzuwägender Aspekte, wie bspw. die Gefahr opportunistischen Verhaltens im Falle von globalem Out-

---

[41] Vgl. Morasch, Karl/ Bartholomae, Florian, Handel, 2017, S. 228.
[42] Vgl. Gerber, James, International, 2017, S. 107.
[43] Vgl. Poon, Jessie./Rigby, David L., Basics, 2017, S. 180.

sourcing.[44] Unternehmen müssen bei der Entscheidung für oder gegen eine Fragmentierung des Produktionsprozesses abwägen, ob die Kosteneinsparungen durch eine internationale Wertschöpfungskette die Kosten, bspw. in Form von Handelskosten oder Fixkosten des ausländischen Werkes, übersteigen. Die Intention der Unternehmen besteht darin, Differenzen in den Relativkosten der Produktion auszunutzen, die zwischen den unterschiedlichen Produktionsstandorten bestehen. Diese Kostendifferenzen, die zu komparativen Kostenvorteilen führen, können, wie in 3.1.1 und 3.1.2 erläutert, bspw. durch divergierende Faktorausstattungen und Arbeitsproduktivität entstehen. Gemäß der Theorie nach Heckscher-Ohlin sollten demnach relativ arbeitsintensive Produktionsprozesse in Ländern mit relativ hoher Ausstattung mit dem Produktionsfaktor Arbeit durchgeführt werden und kapitalintensive Prozesse in kapitalreichen Staaten.[45] Auch bezüglich der Wohlfahrtswirkung sind Übereinstimmungen zu den Theorien des inter-industriellen Handels vorhanden. Während die grenzüberschreitende Produktionsverlagerung zum Zwecke der Ausnutzung von Kostendifferenzen für die Volkswirtschaften insgesamt Wohlfahrtssteigerungen beinhaltet, gibt es Gruppen, die durch die Arbeitsplatzverlagerungen und einer Veränderung der Einkommensverteilung Verluste in Kauf nehmen müssen.[46]

3.3 Handelsschaffende und handelsumlenkende Effekte in Freihandelszonen

Die ökonomischen Effekte der Schaffung einer Integrationszone werden mit den von J. Viner im Jahre 1950 entwickelten Modellen der Handelsschaffung und Handelsumlenkung, zu Englisch „trade creation" und „trade diversion", erläutert. Viner konnte aufzeigen, dass sich Handelsströme durch die Bildung einer Freihandelszone neuausrichten.[47] Im Falle der Handelsschaffung werden Güter ineffizienter Produzenten des Inlandes durch günstigere Importe aus Mitgliedsstaaten der Freihandelszone ersetzt. Somit entsteht durch die Eliminierung der Handelsbeschränkungen in der Freihandelszone zusätzlicher Handel zwischen den Mitgliedsstaaten

---

[44] Vgl. Krugman, Paul R./Obstfeld, Maurice/Melitz, Marc J., Economics, 2015, S. 264-268.
[45] Vgl. Morasch, Karl/ Bartholomae, Florian, Handel, 2017, S. 237.
[46] Vgl. Krugman, Paul R./Obstfeld, Maurice/Melitz, Marc J., Economics, 2015, S. 267-274.
[47] Vgl. Blank, Jürgen E./Clausen, Hartmut/Wacker, Holger, Integration, 1998, S. 58.

gemäß ihren komparativen Vorteilen.[48] Durch den günstigeren Güterpreis tritt zusätzlich eine Steigerung der Nachfrage ein. Weiterhin erfolgt eine effizientere Faktorallokation innerhalb des Integrationsraumes in Folge der Spezialisierung der Produktion entsprechend komparativer Vorteile. Folglich ergeben sich eine Effizienzsteigerung und ein positiver Wohlfahrtseffekt für die Mitgliedsstaaten der Freihandelszone.[49] Im Falle der Handelsumlenkung tritt eine Abkehr vom Weltmarkt ein und der Handel mit effizient produzierenden Anbietern aus Ländern außerhalb der Freihandelszone wird „umgelenkt" zu weniger effizient produzierenden Herstellern innerhalb der Freihandelszone. Dies geschieht aufgrund der Zollaufhebung innerhalb des Integrationsraums, wodurch sich die Preisrelationen zugunsten von Produzenten aus dem Integrationsgebiet verschieben.[50] Unter Allokationsgesichtspunkten führt dies zu einer Effizienzreduzierung, da Güter außerhalb der Integrationszone zu einem niedrigeren Preis erworben werden könnten. Konsumenten profitieren zwar auch in diesem Fall von niedrigeren Preisen, im Vergleich zu der Situation vor Gründung der Freihandelszone, jedoch können handelsumlenkende Effekte auch zu negativen Wohlfahrtseffekten führen.[51]

Eine Volkswirtschaft besteht aus einer Vielzahl von Märkten, die sich in ihrem Ausmaß an handelsschaffenden und -umlenkenden Effekten nach Errichtung einer Freihandelszone stark unterscheiden können. Daraus geht hervor, dass eine Partialanalyse nicht ausreicht, um eine verlässliche Aussage über den Nettowohlfahrtseffekt einer Freihandelszone zu treffen. Weiterhin wird deutlich, dass auf einer Fall-zu-Fall Basis zu untersuchen ist, ob der Nettowohlstandseffekt aus der Schaffung einer Integrationszone für die einzelne Volkswirtschaft positiv oder negativ ausfällt.[52] Es können jedoch Tendenzaussagen getroffen werden. So ist, ceteris paribus, ein Wohlfahrtszuwachs umso wahrscheinlicher, je größer das Integrationsgebiet im Verhältnis zum Weltmarkt ist und je niedriger die Außenzölle gegenüber Drittstaaten sind.[53] Außerdem spielen auch die unter 2. bereits erwähnten Ursprungsregeln eine Rolle. Je restriktiver die festgelegten Ursprungsregeln in einer Freihandelszone sind, d.h., je höher die geforderten „local content" Vorschriften ausfallen,

---

[48] Vgl. Morasch, Karl/ Bartholomae, Florian, Handel, 2017, S. 310.
[49] Vgl. Langhammer, Rolf J., Effekte, 1980, S. 75.
[50] Vgl. Blank, Jürgen E./Clausen, Hartmut/Wacker, Holger, Integration, 1998, S. 58.
[51] Vgl. Reinert, Kenneth, Introduction, 2012, S. 123f.
[52] Vgl. Ebd.
[53] Vgl. Langhammer, Rolf J., Effekte, 1980, S. 75.

umso stärkere handelsumlenkende Effekte kann ein Freihandelsabkommen bezüglich der importierten Zwischenprodukte von effizient produzierenden Herstellern aus Drittländern haben.[54]

---

[54] Vgl. Gerber, James, International, 2017, S. 343f.

4 Grundzüge des nordamerikanischen Freihandelsabkommens

Nachdem dem Leser im vorangegangen Kapitel fundamentale Modelle der Außenhandelstheorie nähergebracht wurden, beschäftigt sich das folgende Kapitel mit den wesentlichen Zielen und Vertragsinhalten des nordamerikanischen Freihandelsabkommens. Zunächst werden die Intentionen der Mitgliedsstaaten sowie die Entstehung des Abkommens erläutert, um im Anschluss zentrale Maßnahmen des Vertrages, mit Fokus auf den Automobilsektor, darzulegen.

4.1 Geschichtlicher Hintergrund und Ziele der Mitgliedsstaaten

Die ökonomische Integration in Nordamerika fand bereits vor der Gründung des Freihandelsabkommens statt. So gründeten Kanada und die USA bereits im Jahr 1965 den sogenannten Auto-Pakt, wodurch der Handel von Fahrzeugen, Trucks, Reifen und Fahrzeugteilen von Zöllen und anderen Handelsbarrieren befreit wurde. Dadurch konnten Automobilhersteller ihre Produktivität in Folge der Marktvergrößerung mittels der Ausnutzung steigender Skalenerträge und Spezialisierung steigern. Dieses Abkommen gilt als Grundstein für die Bildung des integrierten nordamerikanischen Automobilsektors. Im Jahre 1989 unterzeichneten Kanada und die USA ein umfassendes bilaterales Freihandelsabkommen mit dem Namen Canada-United States Free Trade Agreement (CUSFTA). Dieses sah vor, Zölle und Handelsbarrieren zwischen den beiden Ländern bis spätestens 1998, zehn Jahre nach Inkrafttreten des Abkommens, vollständig zu eliminieren.[55] Folglich bestand zwischen Kanada und den USA bereits vor der Inkraftsetzung von NAFTA im Jahre 1994 eine hohe Marktliberalisierung und Handelsverflechtung. Besonders im Falle von Kanada herrschte eine hohe Abhängigkeit von dem Handel mit dem Nachbarstaat. So gingen 1990 rund 73% aller Exporte Kanadas in die USA, was einem Exportvolumen von knapp 94 Milliarden (Mrd.) US-Dollar entsprach. Im Falle der USA war Kanada ebenfalls der wichtigste Handelspartner. Die Anteile der US-Exporte nach Kanada lagen bei knapp über 20% und entsprachen damit rund 83 Mrd. US-Dollar.[56] Aufgrund der Tatsache, dass NAFTA eine Fortführung des bereits bestehenden Abkommens zwischen Kanada und den USA darstellt und der Handel bereits weitreichend liberalisiert war, liegt der Fokus der folgenden Analyse, wie bereits in der Einleitung erläutert, auf der Handelsentwicklung zwischen

---

[55] Vgl. Villareal, M. Angeles/Fergusson, Ian F., Agreement, 2017, S. 2.
[56] Vgl. Proff, Harald V., Freihandelszonen, 1994, S. 74.

den USA und Mexiko. Im Zuge dessen sei erwähnt, dass auch zwischen den USA und Mexiko bereits vor Inkrafttreten von NAFTA eine gewisse Liberalisierung des Handels stattgefunden hat. So waren im Jahre 1993 bereits über 50% der US-amerikanischen Importe aus Mexiko von jeglichen Zöllen befreit, da sie im Rahmen des US-amerikanischen Generalized System of Preferences (GPS) in die USA exportiert wurden. Dabei handelt es sich um ein Zollprogramm, welches das Wirtschaftswachstum von Entwicklungsländern durch Zollfreiheit ihrer Exporte in die USA für tausende von Gütern fördern sollte.[57]

Eine weitere Maßnahme der Handelsintegration stellt das 1965 in Kraft getretene „Maquiladora" Programm dar. Dieses Programm ermöglicht multinationalen Unternehmen aus den USA Komponenten zollfrei nach Mexiko zu liefern. Diese werden dort im nächsten Schritt von mexikanischen Arbeitskräften in grenznahen Montagebetrieben, sogenannten „Maquiladoras", zu Zwischen- oder Endprodukten weiterverarbeitet. Dabei sind die ausgeführten Arbeitsschritte überwiegend arbeitsintensiv, da Mexiko, gemäß dem beschriebenen Heckscher-Ohlin Modell, relativ reichlich mit dem Produktionsfaktor Arbeit ausgestattet ist und Arbeit somit relativ günstig ist. Dadurch entsteht für Mexiko ein komparativer Kostenvorteil. Im Anschluss daran, werden diese Produkte wieder in die USA exportiert, wobei jedoch nur der Wertschöpfungsanteil aus den mexikanischen Verarbeitungsbetrieben zu verzollen ist. Somit bestanden bereits vor der Gründung von NAFTA grenzüberschreitende Produktionsketten. Im Jahre 1990 entfielen 44% aller mexikanischen Exporte in die USA auf die zu dieser Zeit knapp 1900 Maquiladora-Fabriken mit insgesamt rund 450.000 Beschäftigten. Auch im Falle Mexikos lässt sich eine hohe Abhängigkeit von Exporten in die USA vor der Gründung NAFTAs feststellen, da knapp 75% aller mexikanischen Exporte in die USA geliefert wurden.

Dies entsprach einem Exportvolumen von rund 20 Mrd. US-Dollar.[58]

An dieser Stelle ist zu erwähnen, dass die Verhandlungen über ein nordamerikanisches Freihandelsabkommen zunächst einzig zwischen Mexiko und den USA stattfanden. Mexiko wendete sich Mitte der 80er-Jahre in Folge einer gravierenden Schuldenkrise von seiner stark protektionistischen Handelsstrategie ab und begann mit der Liberalisierung seiner Märkte. Im Zuge dessen unterbreitete der

---

[57] Vgl. Villareal, M. Angeles/Fergusson, Ian F., Agreement, 2017, S. 5.
[58] Vgl. Proff, Harald V., Freihandelszonen, 1994, S. 70f, 74.

damalige mexikanische Präsident Salinas den Vorschlag einer Freihandelszone zwischen den USA und Mexiko.[59] Kanada schloss sich den Verhandlungen ein Jahr später an, da befürchtet wurde, dass die Vorteile aus dem 1989 gegründeten Freihandelsabkommen CUSFTA infolge einer bilateralen Freihandelszone zwischen Mexiko und den USA verloren gehen würden. So vermuteten bspw. die Gewerkschaften Kanadas, dass Mexiko aufgrund komparativer Kostenvorteile in Folge niedrigerer Löhne mehr US-amerikanische ADI anziehen würde und seine Wettbewerbsfähigkeit somit ausbauen würde. Kanadas Strategie war defensiver Natur, denn das Handelsvolumen mit Mexiko war von geringer Größe und der erwartete direkte Gewinn von NAFTA war niedrig. Mexiko erhoffte sich durch NAFTA ein stärkeres Wirtschafswachstum, die Schaffung neuer Arbeitsplätze sowie einen Lock-in Effekt für die durchgeführten marktwirtschaftlichen Reformen nach der Schuldenkrise. Weiterhin erwartete man eine Stärkung der Wettbewerbs-fähigkeit durch einen Anstieg an ADI aus den Partnerländern, sowie von Investoren außerhalb des NAFTA-Gebietes, die sich den Zugang zum amerikanischen Absatzmarkt sichern und den Vorteil niedrigerer Produktionskosten ausnutzen wollten. Zudem erhoffte man sich durch die Absicherung des nordamerikanischen Marktzugangs eine stärkere Position besonders gegenüber anderen Staaten Lateinamerikas, d.h. es wurde von Anfang an auch auf handelsumlenkende Effekte gesetzt.[60] Für die USA repräsentierte NAFTA eine Möglichkeit der Ausweitung seiner Exporte und Investitionen in einen wachsenden Markt mit über 100 Millionen (Mio.) Einwohnern und günstigen Produktionsbedingungen. Durch die erwartete Stärkung der mexikanischen Wirtschaft und Wettbewerbsfähigkeit erhoffte man sich ebenfalls eine Begrenzung des Zustroms illegaler mexikanischer Migranten. Als zusätzlichen Vorteil nannten US-Beamte, dass Importe aus Mexiko einen höheren Anteil an US-amerikanischer Wertschöpfung enthalten, als Importe aus aufsteigenden asiatischen Ländern, insbesondere aus China. Weiterhin erhoffte sich die USA mit dem Inkrafttreten des trilateralen Freihandelsabkommens ein schnelleres Voranschreiten in den zum Stocken geratenen multilateralen Verhandlungen zur Handelsliberalisierung.[61] Alle drei Staaten verfolgten jedoch das gemeinsame weltpolitische Ziel einer stärkeren Wettbewerbsposition des nordamerikanischen Handelsraums, als

---

[59] Vgl. Gerber, James, International, 2017, S. 107.
[60] Vgl. Zentes, Joachim/Morschett, Dirk/Schramm-Klein, Hanna, Außenhandel, 2013, S. 209.
[61] Vgl. Hufbauer, Gary Clyde/Schott, Jeffrey J., achievements, 2005, S. 3.

Gegengewicht zur europäischen Union und der aufstrebenden Konkurrenz aus Asien.[62]

4.2 Zentrale Vertragsinhalte

Nachdem zunächst die Intentionen der Mitgliedsstaaten dargestellt wurden, werden im Folgenden die wichtigsten Vertragsinhalte des Freihandelsabkommens erläutert. Dazu werden zunächst die vertraglich festgelegten Ziele dargelegt. Diese finden sich in Artikel 102 des Vertragswerkes und lauten wie folgt:

- Die Eliminierung der Handelsbarrieren für den grenzüberschreitenden Waren- und Dienstleistungsverkehr.
- Die Förderung der Bedingungen des fairen Wettbewerbs.
- Die Steigerung der Investitionsmöglichkeiten innerhalb der Freihandelszone.
- Die Bereitstellung adäquater und effektiver Schutzmaßnahmen für das geistige Eigentum.
- Die Einführung effektiver Verfahren für die Ausübung des Abkommens sowie für die Verwaltung und Streitschlichtung.
- Die Schaffung eines Rahmenwerkes für die Fortführung der trilateralen, regionalen und multilateralen Kooperation um den Nutzen dieses Abkommens zu erweitern.[63]

Folglich beabsichtigten die drei Mitgliedsstaaten die Freizügigkeit von Waren, Dienstleistungen und Kapital, nicht jedoch von Arbeit. Um diese Freizügigkeit zu erreichen, wurde vereinbart, tarifäre und nicht-tarifäre Handelsschranken in einer Periode von 15 Jahren abzubauen. Während in einigen Bereichen eine sofortige Eliminierung von Handelsbarrieren stattfand, wurde für manche Sektoren ein gestaffelter Abbau über Zeiträume zwischen 5-15 Jahren festgelegt. Letzteres war der Fall sofern es sich um besonders Import-sensible Sektoren handelte, bei denen eine signifikante Erhöhung des Wettbewerbs erwartet wurde. Der größte Einfluss dieser Maßnahmen auf die Handelsliberalisierung betraf die mexikanische Wirtschaft, die als einzige noch hohe Handelsbarrieren aufwies. So lag bspw. im Jahre 1993 der

---

[62] Vgl. Zentes, Joachim/Morschett, Dirk/Schramm-Klein, Hanna, Außenhandel, 2013, S. 208.
[63] Übersetzung des NAFTA Vertragstextes aus dem Englischen, siehe Anhang S. 62.

durchschnittliche Zoll auf Importe aus den USA bei 10%, wohingegen der durchschnittliche Zoll in den USA auf Güter aus Mexiko bei 2,07% lag. Folglich wurde erwartet, dass durch NAFTA die US-amerikanischen Exporte nach Mexiko schneller steigen würden als die Importe aus Mexiko.[64]

Eine weitere maßgebliche Regelung betrifft die unter 2. bereits angesprochenen Ursprungsregeln, die einen wesentlichen Einfluss auf die Standort- und Investitionsstrategien von multinationalen Unternehmen ausüben. Die grundlegenden Bestimmungen finden sich in Artikel 401. Da dieses Regelwerk äußerst komplex ist, werden im Folgenden lediglich die Kernaspekte genannt. Sofern ein Gut Materialen enthält, die nicht aus dem NAFTA-Raum stammen, ist es dennoch präferenzberechtigt, wenn die verwendeten Materialien durch die Verarbeitung in das Endprodukt einen Wechsel in der Güterklassifizierung gemäß des Harmonisierten Systems (HS) erfahren.[65] Bei diesem System handelt es sich um ein global gültiges Regelwerk zur Klassifikation von Waren nach unterschiedlichen Kategorien.[66] Im Falle einiger Branchen, wie bspw. der Industrie für Textilien und Bekleidung, Automobile und Computer, besteht für die Vorzugsbehandlung zusätzlich das Kriterium, dass ein bestimmter Anteil an regionaler bzw. NAFTA-interner Wertschöpfung vorliegen muss. Die Kalkulation dieses Anteils kann nach zwei verschiedenen Methoden erfolgen. Im Falle der Transaktionswertmethode liegt der Wertschöpfungsanteil bei 60% des Kaufpreises für das Gut. Nach der Nettokosten-Methode, die auf den Gesamtkosten der Produktion des Gutes abzüglich den Kosten für Tantiemen, Verkaufsförderung, Verpackung und Transport basiert, ist bis auf einzelne Ausnahmen ein regionaler Wertschöpfungsanteil von 50% maßgeblich.[67] Anhand dieser knappen Darstellung lässt sich bereits erahnen, wie komplex und aufwendig die vereinbarten Ursprungsregeln für die NAFTA-Mitgliedsstaaten und die einzelnen Unternehmen sind und wie Ursprungsregeln handelsumlenkende Effekte auslösen können.

Neben den erläuterten Regelungen enthält der NAFTA-Vertrag Maßnahmen bezüglich erweiterter Möglichkeiten für Direktinvestitionen, Dienstleistungshandel und das öffentliche Vertragswesen, sowie Regeln über den Schutz geistigen Eigentums.

---

[64] Vgl. Villareal, M. Angeles/Fergusson, Ian F., Agreement, 2017, S. 5f.
[65] Vgl. Hufbauer, Gary C./Schott, Jeffrey J., Assessment, 1993, S. 134.
[66] Vgl. Dieter, Heribert, Ursprungsregeln, 2004, S. 9.
[67] Vgl. Hufbauer, Gary C./Schott, Jeffrey J., Assessment, 1993, S. 134f.

Zusätzlich wurden Streitschlichtungsverfahren und -gremien eingeführt. In sogenannten „Side Agreements" wurden außerdem Aspekte bezüglich des Umweltschutzes und Arbeitsbedingungen festgehalten. Somit geht das Vertragswerk weit über Maßnahmen des reinen Zollabbaus hinaus. An dieser Stelle ist zu erwähnen, dass das NAFTA-Vertragswerk als Vorlage für alle später verhandelten Freihandelsabkommen der USA genutzt wurde.[68]

Aufgrund der unter 5.2 folgenden Begutachtung der Automobilbranche unter NAFTA werden nachfolgend die Vertragsvorkehrungen für diese Industrie näher erläutert. Im Rahmen des Vertrages wurde eine zehnjährige Übergangsphase für die Eliminierung der Handelsbarrieren und die Liberalisierung des Marktes vereinbart. So wurde dem mexikanischen Markt, der bis dahin stark von Protektionismus geprägt war, eine Anpassungszeit gewährt, da der Integrations- und Liberalisierungsprozess zwischen Kanada und den USA infolge des Autopaktes und CUSFTA bereits stattgefunden hatte. Während für bestimmte Automobilteile die Zölle für alle Mitgliedsstaaten mit sofortiger Wirkung aufgehoben wurden, galt für andere Güter, wie bspw. Automobile und Kleinlastwagen, eine schrittweise Eliminierung der Zölle über fünf bis zehn Jahre. Vor Einführung von NAFTA lagen die US-amerikanischen Zölle auf Importe aus Mexiko bei 2,5% für Automobile, 25% für Kleinlastwagen und bei 3,1%, handelsgewichtet, für Automobilteile. Im Falle von Mexiko betrugen die Importzölle auf US-amerikanische und kanadische Güter 20% für Automobile und Kleinlastwagen und zwischen 10%-20% für Automobilteile.[69] Zusätzlich wurden bestehende nicht-tarifäre Handels-hemmnisse auf Seiten Mexikos sofort oder sukzessive bis zum Jahre 2004 vollständig abgebaut. Dazu gehörten die Importquoten von 15% auf Automobile, Lastkraftwagen und Busse, die Voraussetzung von heimischer Wertschöpfung in Höhe von 36% sowie die Eliminierung des „Trade Balancing Requirement", welches Automobilherstellern für jeden Dollar an importierten Gütern einen Warenexport in Höhe von 2$ vorschrieb. Eine weitere Maßnahme umfasst striktere Ursprungsregeln in Form einer Erhöhung des regionalen Wertschöpfungsanteils für Automobile, Motoren und Getriebe von bisher 50% in CUSFTA auf 62,5%. Im Falle anderer Automobilteile wurde der regionale Wertschöpfungsanteil auf 60% angehoben. Gemessen wird dies anhand der erläuterten Nettokostenmethode.[70] Neben der Automobilindustrie wurden ebenfalls für

---

[68] Vgl. Villareal, M. Angeles/Fergusson, Ian F., Agreement, 2017, S. 1, 5f.
[69] Vgl. Ebd., S. 7.
[70] Vgl. Hufbauer, Gary C./Schott, Jeffrey J., Assessment, 1993, S. 122f.

den Landwirtschaftssektor sowie für die Textil- und Bekleidungs-industrie gesonderte, striktere Regelungen festgelegt. Auf diese wird aufgrund des begrenzten Rahmens dieser Arbeit nicht weiter eingegangen.

5 Der Einfluss NAFTAs auf die US-amerikanische Wirtschaft

Das folgende Kapitel beschäftigt sich mit der Handelsentwicklung zwischen den USA und seinen NAFTA Vertragspartnern Kanada und Mexiko. Im Zuge dessen wird untersucht, inwiefern die Annahmen der beschriebenen Außenhandelstheorien auf den Handel mit Kanada und Mexiko zutreffen. Weiterhin soll geprüft werden, ob sich das Freihandelsabkommen positiv auf die Wirtschaft der USA ausgewirkt hat. An dieser Stelle ist zu erwähnen, dass nicht alle Veränderungen in den Handels- und Investitionsmustern innerhalb der NAFTA-Region seit 1994 auf die Gründung des Abkommens zurückzuführen sind. So beeinflussen externe Einflussfaktoren bzw. globale und regionale Ereignisse ebenfalls die Entwicklungen des Handels und der Wirtschaft. Dazu zählen bspw. der weltweite technologische Wandel, die Finanz- und Weltwirtschaftskrise im Jahr 2008 sowie die starke Abwertung des mexikanischen Pesos Mitte der 90er-Jahre und die daran anschließende Rezession.[71]

Im Folgenden wird die US-amerikanische Handelsentwicklung mit den NAFTA-Staaten unter makroökonomischen Gesichtspunkten betrachtet. Im Anschluss erfolgt eine genauere Darstellung des Automobilsektors unter NAFTA. Für die Analyse wird hauptsächlich auf Handelsdaten der WITS Datenbank der Weltbank, des US Trade Representative Office (USTR), des US Bureau of Economic Analysis (bea) sowie der UN Comtrade Datenbank zurückgegriffen. Zusätzlich werden durchgeführte Studien hinzugezogen, um ein umfassenderes Ergebnis zu erhalten.

5.1 Handelsentwicklung mit den NAFTA Partnern

Seit Bestehen des Abkommens ist der Handel der USA mit den beiden NAFTA-Vertragsstaaten stark angestiegen. Die Entwicklung der US-Exporte und Importe von Gütern mit den NAFTA-Staaten seit Inkrafttreten des Abkommens ist in dem Diagramm in Abbildung 2 dargestellt. Auf der x-Achse sind die Jahre 1993 bis 2016 abgebildet. Die y-Achse zeigt die Importe, Exporte sowie die Handelsbilanz der USA mit den NAFTA-Partnern in Mrd. US$.

---

[71] Vgl. Villareal, M. Angeles/Fergusson, Ian F., Agreement, 2017, S. 11.

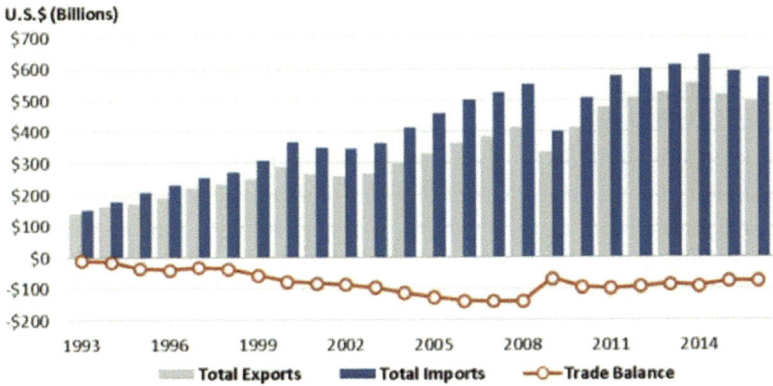

Abb. 2: US-NAFTA Handel von Gütern zwischen 1993-2016
(Quelle: Villareal, M. Angeles/Fergusson, Ian F., Agreement, 2017, S. 11.)

Aus dem Diagramm geht hervor, dass sich sowohl die Importe als auch die Exporte der USA mit den NAFTA-Staaten zwischen 1993 und 2016 mehr als verdreifacht haben. Dieses Handelswachstum kann jedoch nicht vollständig der Gründung von NAFTA zugeschrieben werden. So erfolgte, wie in 4.1 erwähnt, schon vor NAFTA eine zunehmende Marktöffnung seitens Mexiko, wodurch der Handel zwischen den USA und Mexiko bereits angetrieben wurde. Auch auf Seiten der USA wurden die Zölle auf mexikanische Importe bereits vor der Gründung NAFTAs stark reduziert. Zwischen den Jahren 1990 und 1994 fielen die Zölle auf mexikanische Waren von durchschnittlich 4% auf 2%. Damit sanken die Zölle wesentlich stärker als die Zölle gegenüber Staaten außerhalb NAFTAs. Nach Inkrafttreten von NAFTA im Jahr 1994 sanken die Zölle gegenüber Staaten außerhalb NAFTAs jedoch in etwa um dieselbe Geschwindigkeit wie die Zölle gegenüber Mexiko.[72] Weiterhin beeinflussen andere Faktoren, wie Konjunkturzyklen und Wirtschaftskrisen, ebenfalls die Handelsentwicklung. Demnach lässt sich sagen, dass die Konjunkturschwächen in den Jahren 2001 und 2009, in Folge von Finanz- und Wirtschaftskrisen, mitverantwortlich waren für den in der Grafik abgebildeten Rückgang an US-Exporten und Importen. Im Jahr 2014 erreichten die Güterexporte- und -importe ihren bisher höchsten Wert von rund 650 Mrd. US$ im Falle der US-Importe und rund 550 Mrd. US$ im Falle der US-Exporte, bevor sie bis im Jahr 2016 jeweils um rund 50 Mrd. US$ sanken. Weiterhin lässt sich die Entwicklung der US-Handelsbilanz mit den NAFTA-Staaten erkennen. Während die US-Exporte und Importe zum Zeitpunkt des Inkrafttretens

---

[72] Vgl. Green, Russell A./Payan, Tony, United, 2017, S. 7.

von NAFTA im Jahr 1994 nahezu ausgeglichen waren, stiegen die Importe im Laufe der Jahre stärker an als die Exporte, wodurch das US-Handelsbilanzdefizit mit den NAFTA-Staaten zunahm. Zwischen den Jahren 2006 und 2008 war das Handelsbilanzdefizit mit knapp 140 Mrd. US$ am höchsten. Dagegen lag es im Jahr 2016 noch bei rund 100 Mrd. US$. Auf den Aspekt des Handelsbilanzdefizits, besonders zwischen den USA und Mexiko, wird im Laufe dieses Kapitels, sowie in Kapitel sechs näher eingegangen, da es einer der Hauptkritikpunkte von Donald Trump an NAFTA darstellt.

Zunächst soll mithilfe der folgenden Tabelle 1 verdeutlicht werden, wie sich das Handelswachstum mit den NAFTA-Staaten auf Kanada und Mexiko verteilt und wie sich im Vergleich dazu die gesamten Importe und Exporte der USA seit 1993 entwickelt haben.

	1993				
	US Importe		US Exporte		
in Mrd. US$	G	D	G	D	Handelsbilanz
Kanada	111,3	9,1	100,5	17	-2,9
Mexiko	39,9	7,4	41,5	10,4	4,6
NAFTA gesamt	151,2	16,5	142	27,4	1,7
Gesamter Außenhandel der USA	589,4	123,8	456,9	185,9	-70,4
NAFTA Anteil	26%	13%	31%	15%	-2%

	2017				
	US Importe		US Exporte		
	G	D	G	D	Handelsbilanz
Kanada	299,3	33	282,3	58,4	8,4
Mexiko	314,3	25,5	243,3	32,9	-63,6
NAFTA gesamt	613,6	58,5	525,6	91,3	-55,2
Gesamter Außenhandel der USA	2360,9	543,5	1553,4	797,7	-553,3
NAFTA Anteil	26%	11%	34%	11%	10%

*G = Güter, D = Dienstleistungen

Tabelle 1: US-Außenhandel, 1993 versus (vs.) 2016
(Quelle: Eigene Darstellung auf Grundlage von Daten des bea und des USTR.[73])

Es ist anzumerken, dass es sich bei den verwendeten Daten um nominale Werte handelt. Weiterhin kommt es in offiziellen Handelsstatistiken zu Doppelzählungen wenn der Handel durch globale Produktionsketten in Form von vertikalem intraindustriellem Handel geprägt ist, da in den Statistiken sowohl Vorleistungsgüter

---

[73] Abrufbar unter https://www.bea.gov/data/intl-trade-investment/international-trade-goods-and-services und https://ustr.gov/countries-regions/americas (jeweils abgerufen am 05.11.2018).

als auch die fertigen Endprodukte mit ihrem vollen Wert erfasst werden.[74] Dieser Aspekt wird zu einem späteren Zeitpunkt genauer erläutert. Die Daten in der Tabelle verdeutlichen nochmals das starke Wachstum des US-Handelsvolumens mit den beiden NAFTA-Staaten von rund 340 Mrd. US$ im Jahr 1993 auf knapp 1290 Mrd. US$ im Jahr 2017. Dies entspricht einem Wachstum von rund 380%. Ebenfalls geht hervor, dass der Handel der USA mit Mexiko wesentlich stärker gestiegen ist, als der Handel mit Kanada. Dies lässt sich, wie unter 4.1 erläutert, unter anderem darauf zurückführen, dass der Handel zwischen den USA und Kanada 1993 bereits weitreichend liberalisiert war. Das Wachstum der Güterexporte nach Kanada beläuft sich dabei auf 181% und im Falle der Dienstleistungsexporte auf 243%. Die Güterimporte aus Kanada sind zwischen 1993 und 2017 um 169% gewachsen und die Importe von Dienstleistungen um 263%.

Betrachtet man die Entwicklung des Handels mit Mexiko, wird deutlich, dass die Importe aus Mexiko, entgegen der Erwartungen, wesentlich stärker angestiegen sind als die Exporte nach Mexiko. Das Wachstum der US-Exporte nach Mexiko beläuft sich auf 485% für Güter und auf 216% für Dienstleistungen. Im Falle der US-Importe aus Mexiko beträgt das Wachstum 687% für Güter und 243% für Dienstleistungen. In Folge dessen hat sich der Handelsbilanzüberschuss der USA mit Mexiko von +4,6 Mrd. US$ im Jahr 1993, in ein Defizit von -63,6 Mrd. US$ gewandelt. Jedoch geht aus der Tabelle hervor, dass die USA lediglich im Handel mit Gütern ein Defizit aufweisen, da die Dienstleistungsexporte nach Mexiko im Jahr 2017 rund 7,4 Mrd. US$ höher waren als die Importe. Im Jahr 1993 lag der Handelsbilanzüberschuss für den Dienstleistungshandel mit Mexiko bei rund 3 Mrd. US$. Auch im Handel mit Kanada weisen die USA sowohl im Jahr 1993 als auch in 2017 eine positive Bilanz im Handel mit Dienstleistungen auf. Während der Überschuss im Jahr 1993 bei rund 8 Mrd. US$ lag, betrug er im Jahr 2017 rund 25,4 Mrd. US$. Im Handel mit Gütern weisen die USA, abgesehen vom Handel mit Mexiko im Jahr 1993, stets ein Handelsbilanzdefizit auf. Besonders auffällig erscheint dabei das Defizit mit Mexiko im Jahr 2017 von rund 71 Mrd. US$.

In der folgenden Analyse werden die Daten des gesamten US-Außenhandels miteinbezogen. Dabei wird deutlich, dass das Wachstum des US-Handels mit den NAFTA-Staaten zwischen 1993 und 2017 proportional kleiner ausgefallen ist als das Wachstum des gesamten US-Außenhandels. So stiegen die gesamten US-

---

[74] Vgl. Koopman, Robert/Wang, Zhi/Wie, Shang-Jin, Exports, 2010, S. 2.

Güterimporte zwischen 1993 und 2017 um rund 400% und die Importe von Dienstleistungen um rund 439%. Im Falle der Exporte beläuft sich das Wachstum auf 340% für die Güterexporte und auf 429% für die Dienstleistungsexporte. Zwar sind die Importe und Exporte von Gütern zwischen den USA und Mexiko im Laufe der betrachteten Periode stärker gestiegen als der gesamte US-Güterhandel. Jedoch war das Wachstum der Dienstleistungsexporte und -importe der USA mit Mexiko um jeweils mehr als 200% kleiner als das Wachstum der gesamten US-Exporte und Importe von Dienstleistungen. Diese Entwicklung wird ebenfalls deutlich, wenn der Anteil NAFTAs am gesamten US-Außenhandel betrachtet wird. So liegt der prozentuale Anteil des US-Handels mit den NAFTA-Staaten im Falle der Güterimporte im Jahr 2017 unverändert bei 26%. Im Falle der Güterexporte ist er zwischen 1993 und 2017 um 3% angestiegen auf insgesamt 34%. Die Anteile NAFTAs an den Dienstleistungsexporten und -importen der USA sind jedoch zwischen 1993 und 2017 um 4% bzw. 2% auf jeweils 11% gesunken. Hinsichtlich der Handelsbilanz entfallen rund 10% des gesamten Handelsbilanzdefizites der USA auf den Handel mit den NAFTA-Partnern. Das Handelsbilanzdefizit der USA lag im Jahr 2017 bei etwa 553 Mrd. US$. Vergleicht man diese 10% mit den NAFTA-Anteilen an den gesamten Importen und Exporten, wird deutlich, dass der US-Handel mit den NAFTA-Partnern nur unterproportional zum Handelsbilanzdefizit der USA beiträgt.

Die Betrachtung der wichtigsten Handelspartner der USA im Jahr 1993 und 2016, abgebildet in Tabelle 2, bestätigt die Beobachtung, dass der Handel mit Mexiko an Bedeutung gewonnen hat, wohingegen der Handel mit Kanada im Vergleich zum Gesamthandel der USA geringer gewachsen ist. Die Tabelle zeigt jeweils für die Jahre 1993 und 2016 die fünf wichtigsten Handelspartner gemessen am prozentualen Anteil der gesamten Güterexporte und -importe der USA. Der Handel mit Dienstleistungen wird somit nicht abgebildet.

1993				2016			
Exporte		Importe		Exporte		Importe	
Kanada	21,6%	Kanada	18,8%	Kanada	18,4%	China	21,4%
Japan	10,3%	Japan	18,3%	Mexiko	15,8%	Mexiko	13,2%
Mexiko	9,0%	Mexiko	6,8%	China	8,0%	Kanada	12,6%
Großbritannien	5,7%	China	5,6%	Japan	4,4%	Japan	6,0%
Deutschland	4,1%	Deutschland	4,9%	Großbritannien	3,8%	Deutschland	5,2%

Tabelle 2: Die wichtigsten US-Handelspartner, 1993 vs. 2016
(Quelle: Eigene Darstellung auf Grundlage der WITS Datenbank der Weltbank.[75])

Im Jahr 1993 war Kanada sowohl auf der Export- als auch der Importseite mit Abstand der wichtigste Handelspartner der USA. Zweitwichtigster Handelspartner seitens Exporten und Importen war Japan, gefolgt von Mexiko auf Platz drei. Knapp ein Zehntel aller US-amerikanischen Güterexporte gingen nach Mexiko und der Anteil mexikanischer Importe entsprach rund 7%. Im Vergleich dazu ist im Jahr 2016 der Exportanteil nach Mexiko um knapp 7% gestiegen und der Importanteil um rund 6,5%. Damit war Mexiko auf Seiten der Importe und Exporte der zweitwichtigste Handelspartner der USA. Die Handelsverflechtung mit Mexiko ist dabei besonders in grenznahen Bundesstaaten der USA, wie Texas und Arizona, stark ausgeprägt. Ein Grund dafür sind niedrige Transportkosten aufgrund der kurzen räumlichen Distanz zwischen Mexiko und den USA.[76] An dieser Stelle ist jedoch zu erwähnen, dass die Abhängigkeit Mexikos von den Güterimporten aus den USA zwischen 1993 und 2016 stark abgenommen hat. So sank der Anteil US-amerikanischer Importe von 74% auf 47%.[77] Bei der Betrachtung der Rolle Kanadas wird deutlich, dass Kanada im Jahr 2016 noch immer der größte Exportmarkt für US-Unternehmen war. Jedoch ist der Anteil Kanadas verglichen mit 1993 um rund 3% gesunken. Im Falle der Importe war Kanada 2016 nach China und Mexiko nur noch der drittwichtigste Handelspartner der USA mit einem Anteil von 12,6%. Damit ist der Anteil um etwa 33% geringer als im Jahr 1993. Auch seitens Kanadas ist eine sinkende Abhängigkeit von Güterimporten aus den USA festzustellen. So sank der Anteil US-amerikanischer Importe zwischen 1993 und 2016 von rund 67% auf 52%.[78]

---

[75] Abrufbar unter https://wits.worldbank.org/countrysnapshot/en/USA (abgerufen am 08.11.2018).
[76] Vgl. Schott, Jeffrey J./Cimino-Isaacs, Cathleen, Updating, 2017, S. 71.
[77] Vgl. WITS Datenbank, abrufbar unter https://wits.worldbank.org/CountryProfile/en/Country/MEX/Year/1993/Summary (abgerufen am 09.11.2018).
[78] Vgl. Ebd., abrufbar unter https://wits.worldbank.org/CountryProfile/en/Country/CAN/Year/1993/Summary (abgerufen am 09.11.2018).

Im Folgenden soll die Güterzusammensetzung des US-Handels mit seinen NAFTA-Partnern näher erläutert werden. Gemäß der traditionellen Außenhandelstheorien würde man erwarten, dass Mexiko und die USA ihre Produktion und den Export entlang ihren komparativen Kostenvorteilen ausrichten. Somit würden die USA, gemäß dem Heckscher-Ohlin Modell, vorrangig relativ (human)kapitalintensive Güter exportieren. Mexiko hingegen würde sich auf die Produktion jener Güter spezialisieren, die relativ arbeitsintensiv sind bzw. die einen hohen Bedarf an geringfügig qualifizierter Arbeit haben. Bei der Betrachtung der Import- und Exportgüter zeigt sich jedoch, dass der Handel mit Mexiko und Kanada sowohl vor Inkrafttreten NAFTAs als auch aktuell stark intra-industriell geprägt ist. Außerdem konzentriert sich der Güteraustausch auf wenige Sektoren.[79] Auf Seiten der US-amerikanischen Exporte nach Mexiko im Jahr 1993 machten lediglich vier Warengruppen über 50% der US-Exporte nach Mexiko aus. Diese Warengruppen waren: Elektrische Maschinen (20,4%), Maschinen und Kernreaktoren (14,4%), Fahrzeuge, Fahrzeugteile und -zubehör (11,3%) und Kunststoff(waren) (5%). Betrachtet man die Importe aus Mexiko, zeigt sich, dass der Güteraustausch ebenfalls auf wenige Kategorien konzentriert war. Entgegen der Erwartungen waren dies jedoch zum Großteil dieselben Warengruppen wie auf der Exportseite. Die Hauptkategorien waren: Elektrische Maschinen (27,3%), Fahrzeuge, Fahrzeugteile und –zubehör (15,2%), mineralische Brennstoffe und Mineralöle (12,5%) sowie Maschinen und Kernreaktoren (9,1%).

---

[79] Die Daten zu den folgenden Aussagen finden sich im Anhang, S. 63f.

US-Handel mit Mexiko 2017					
Exporte (243,3 Mrd. US$)			Importe (317,2 Mrd. US$)		
	Mrd. US$	Anteil		Mrd. US$	Anteil
Kernreaktoren, Kessel, Maschinen	42,8	17,60%	nicht schienengebundene Landfahrzeuge, Teile davon und Zubehör	84,1	26,50%
Elektrische Maschinen und Geräte	41,3	17,00%	Elektrische Maschinen und Geräte	62,2	19,60%
Mineralische Brennstoffe; Mineralöle, Erzeugnisse ihrer Destillation	26,5	10,90%	Kernreaktoren, Kessel, Maschinen	54,4	17,20%
nicht schienengebundene Landfahrzeuge, Teile davon und Zubehör	21,1	9%	Optische, fotographische oder kinematografische Geräte	14,1	4,40%

Tabelle 3: US-Mexiko Handel 2017: Top 4 Export- und Importgüter
(Quelle: Eigene Darstellung auf Grundlage der UN-Comtrade Datenbank.[80])

Tabelle 3 zeigt die fünf wichtigsten Kategorien der Export- und Importgüter für das Jahr 2017. Auch in diesem Fall ist eine ähnliche Konzentration auf wenige Warengruppen erkennbar. Sowohl seitens der Exporte, als auch seitens der Importe entsprachen die vier dargestellten Güterkategorien rund 55% des gesamten US-Handels mit Mexiko. Weiterhin zeigt sich, dass sich die Zusammensetzung der Güterkategorien nicht wesentlich verändert hat. Im Falle der Exporte hat besonders der Anteil mineralischer Brennstoffe und Mineralöle im Vergleich zu 1993 zugelegt. Der Anteil der Importe aus dieser Warengruppe ist hingegen um rund 9% gesunken. Deutlich zugelegt hat jeweils der Anteil der US-Importe von Fahrzeugen und Maschinen.

Betrachtet man die Handelsbeziehung mit Kanada, so lässt sich für die Jahre 1993 und 2017 eine ähnliche Konzentration auf wenige Warengruppen erkennen.[81] Im Jahr 2017 machten die vier Güterkategorien Fahrzeuge, Fahrzeugteile und -zubehör (18,3%), Maschinen und Kernreaktoren (15,1%), elektrische Maschinen (9%), sowie mineralische Brennstoffe und Mineralöle (6,9%) rund 50% der US-amerika-

---

[80] Abrufbar unter: https://comtrade.un.org/labs/dit-trade-vis/?reporter=842&partner=484&type=C&year=2017&flow=2 (abgerufen am 10.11.2018).
[81] Die Daten zu den folgenden Aussagen finden sich im Anhang, S. 65f.

nischen Exporte nach Kanada aus. Die Anteile unterscheiden sich zwar leicht von den Anteilen im Handel mit Mexiko, jedoch sind die wichtigsten vier Warengruppen identisch. Auf Seiten der Importe stellen mineralische Brennstoffe und Mineralöle mit rund 25% die wichtigste Güterkategorie dar. Dadurch wird Kanadas komparativer Vorteil in Form der natürlichen Ressourcenausstattung deutlich. Somit basiert ein Großteil des US-Handelsdefizites im Güterhandel mit Kanada auf den natürlichen Ressourcen Öl und Gas. Güter, mit denen sich die USA nicht vollständig selbstversorgen kann und daher auf Importe angewiesen ist. Danach folgen Fahrzeuge, Fahrzeugteile und –zubehör (18,4%) sowie Maschinen und Kernreaktoren (7%). Damit weist auch der bilaterale Handel mit Kanada eine starke intraindustrielle Komponente auf, welcher geprägt ist von steigenden Skalenerträgen, Produktdifferenzierungen sowie der Spezialisierung auf unterschiedliche Produktionsstufen. Verglichen mit den gehandelten Gütergruppen im Jahr 1993, wird ersichtlich, dass sich die Anteile der wichtigsten Exportgüter nach Kanada nicht signifikant verändert haben. Jedoch hat der Anteil der Fahrzeugimporte aus Kanada, anders als in der Handelsentwicklung mit Mexiko, stark an Bedeutung verloren (-11,3%). Auf diese Entwicklung wird im folgenden Kapitel genauer eingegangen. Laut Kalkulationen von Wilson lag der Anteil an intra-industriellem Handel zwischen Mexiko und den USA im Jahr 2015 bei 53%. Im Falle von Kanada lagen seine Berechnungen bei 63%. Seine Kalkulationen basieren auf dem 4-stelligen Level des nordamerikanischen Klassifizierungssystems für Waren (NAICS).[82] Gemäß der Theorie des horizontalen intra-industriellen Handels, profitieren die Konsumenten von einer größeren Produktvielfalt zu geringeren Preisen. In der Literatur liegen nicht viele Studien vor, die diese Entwicklung seit der Gründung NAFTAs untersuchen. Eine Studie von Hillberry und McDaniel aus dem Jahr 2002 fand heraus, dass seit NAFTA die verfügbaren Produktvarietäten in den USA stark zugenommen haben. Laut dieser Studie handelte es sich bei knapp 24% der Importgüter aus Mexiko um neue, bisher nicht importierte Güter. Dies bestätigt nochmals, dass der Handel mit Mexiko stark an Relevanz gewonnen hat. Im Falle von Kanada lag dieser Anteil bei 4,4%, verglichen mit 6,9% für den restlichen Welthandel.[83] Eine Studie von Dixon und Rimmer aus dem Jahr 2015 fand heraus, dass die Preise für Importgüter aus Mexiko zwischen 1992 und 1998 wesentlich stärker gesunken sind als die Preise für Importe außerhalb von NAFTA-Staaten. Außerdem sind diese Preis-

---

[82] Vgl. Wilson, Christopher, Economic, 2017, S. 9.
[83] Vgl. Hillberry,Russell/McDaniel, Christine, Decomposition, 2002, S. 3f.

reduzierungen auf mexikanische Güter in Folge der zunehmenden wirtschaftlichen Integration zwischen Mexiko und den USA proportional stärker ausgefallen als die Zollsenkungen gegenüber Mexiko. Im Falle kanadischer Importe fanden Dixon und Rimmer jedoch keine stärkeren Preisreduzierungen verglichen mit Importen aus Staaten außerhalb NAFTAs.[84]

Von großer Relevanz für den Handel innerhalb des Integrationsraums ist das Ausmaß an vertikalem intra-industriellem Handel in Form von grenz-überschreitenden Produktionsketten. Auf den ersten Blick erscheinen sowohl die US-Exporte als auch die -Importe relativ kapitalintensiv, was den Annahmen der klassischen Außenhandelstheorien widersprechen würde. Jedoch geht aus den Güterkategorien nicht hervor, dass der Produktionsprozess, wie unter 3.2.2 erläutert, aus verschiedenen Wertschöpfungsstufen besteht, die sich jeweils in der Intensität der genutzten Faktoren unterscheiden. Weiterhin wird nicht ersichtlich, dass es sich bei den gehandelten Gütern nicht nur um Endprodukte, sondern auch um Zwischenprodukte handelt. Durch die Integration der NAFTA-Staaten in Form der Handelsliberalisierung und der Marktvergrößerung erhöhte sich für Unternehmen der Anreiz, mittels Offshoring und Outsourcing Produktionsprozesse entlang komparativer Kostenvorteile neu auszurichten und so die Effizienz und Wettbewerbsfähigkeit zu steigern.

Ein Indikator für die Ausweitung grenzüberschreitender Wertschöpfungsketten und die stärkere Integration innerhalb der NAFTA-Region ist der Anstieg von ADI. In dem NAFTA-Vertragswerk wurde, wie unter 4.2 erläutert, nicht nur der Abbau von Zöllen festgelegt, sondern ebenfalls der Abbau von Hemmnissen für ADI, wodurch sich das Investitionsrisiko für ausländische Investoren verringerte. So wurde bspw. die Möglichkeit eines Investitionsschiedsverfahren eingeführt und Investoren wurde eine faire, transparente Behandlung garantiert. Außerdem ließ die mexikanische Regierung erstmals ADI in diversen Branchen zu. Dazu zählten bspw. das Bankwesen und der Einzelhandel.[85] In Mexiko beliefen sich im Jahr 1993 die ADI von US-amerikanischen Unternehmen auf rund 15,2 Mrd. US%$.[86] Im Jahr 2017 lag diese Zahl bei knapp 110 Mrd. US$, was einem Wachstum von rund 720%

---

[84] Vgl. Rimmer, Maureen/Dixon, Peter, NAFTA, 2015, S. 4.
[85] Vgl. Green, Russell A./Payan, Tony, United, 2017, S. 10f.
[86] lle Daten zu ADI wurden dem bea entnommen, abrufbar unter: https://www.bea.gov/data/intl-trade-investment/direct-investment-country-and-industry (abgerufen am 11.11.2018), Die zugrunde gelegte Definition von ADI umfasst eine mindestens 10%ige Kapitalbeteiligung an ausländischen Unternehmen.

entspricht. Dabei flossen rund 40% dieser ADI in die Industrie, wobei die größten Anteile auf die Sektoren Chemie, Transport, (elektrische) Maschinen und Metall entfielen. Auf Seiten Kanadas betrugen die Investitionen US-amerikanischer Unternehmen in 1993 knapp 70 Mrd. US$. Im Jahr 2017 lagen die Investitionen bei rund 391 Mrd. US$, ein Wachstum von knapp 560%. Auch im Falle Kanadas flossen rund 28%, und somit der größte Anteil der ADI, in den Produktionssektor, dicht gefolgt von Investitionen in Holdinggesellschaften. Ähnlich wie in Mexiko entfielen die größten Anteile der ADI von US-amerikanischen Unternehmen im verarbeitenden Gewerbe auf den Chemie-, Elektronik-, Metall- und Transportsektor. An dieser Stelle ist anzumerken, dass sowohl in Kanada als auch in Mexiko der größte Anteil der ADI aus den USA stammt.[87]

NAFTA-Gegner kritisieren häufig den Anstieg der US-amerikanischen ADI, besonders in die mexikanische Wirtschaft, da sie befürchten, dass dadurch weniger Investments in die heimische Wirtschaft fließen und dass durch den Aufbau von Produktionsbetrieben im Ausland Arbeitsplätze in den USA verloren gehen.[88] In einigen Fällen ist dies der Fall, wenn Fabriken in den USA geschlossen werden und die Produktion aufgrund komparativer Kostenvorteile stattdessen nach Mexiko verlagert wird. Der Außenhandelsgewinn liegt in dem Falle in niedrigeren Preisen für Importgüter. Jedoch können ADI und die Schaffung von Arbeitsplätzen im Ausland positiv mit der Investitionstätigkeit und der Schaffung von Arbeitsplätzen im Heimatland korrelieren. Moran und Oldenksi analysierten im Jahr 2016 die Aktivitäten hunderter US-amerikanischer, multinationaler Unternehmen auf dem Heimatmarkt und deren insgesamt über 1000 Tochterunternehmen in Mexiko zwischen den Jahren 1990 und 2009. Sie fanden heraus, dass eine Steigerung der Beschäftigung von 10% in den mexikanischen Tochtergesellschaften, im Durchschnitt zu einem 1,3%igen Anstieg in der Beschäftigung im Heimatmarkt führte, sowie zu einem Anstieg der US-Exporte um 1,7% und zu 4,1% höheren Forschungs- und Entwicklungsausgaben.[89] Frühere Studien zu diesem Thema bestätigen das Ergebnis von Moran und Oldenski, dass sich steigende ADI US-amerikanischer Unternehmen positiv auf die Aktivitäten im Heimatmarkt auswirken.[90] Zusätzlich ist zu erwähnen, dass seit der Gründung NAFTAS die weltweiten ADI US-amerikanischer

---

[87] Vgl. Villareal, M. Angeles/Fergusson, Ian F., Agreement, 2017, S. 20, 24.
[88] Vgl. Moran, *Theodore H./Oldenski, Lindsay*, Mexico, 2016, S. 37.
[89] Vgl. Ebd., S. 40f.
[90] Vgl. *Branstetter/Foley (2010); Desai/Foley/Hines Jr. (2009)* et al.

Unternehmen stärker angestiegen sind als die ADI in die NAFTA-Region. Während im Jahr 1993 die ADI in die mexikanische und kanadische Wirtschaft 2,7% bzw. 12,4% des gesamten ADI-Volumens der USA ausmachten, lagen diese Anteile im Jahr 2017 bei 1,8% für die ADI in Mexiko und 6,5% für die ADI in Kanada. Auf Seiten der ADI-Zuflüsse aus Mexiko und Kanada ergibt sich ein gegenteiliges Bild. Die Investitionen mexikanischer Unternehmen sind von rund 1,2 Mrd. US$ in 1993 auf 18 Mrd. US$ in 2017 angestiegen. Der Anteil mexikanischer ADI an den gesamten ADI-Zuflüssen der USA stieg damit von rund 0,25% auf 0,45%. Seitens kanadischer Investoren nahmen die Direktinvestitionen von 40,3 Mrd. US$ auf rund 453 Mrd. US$ zu. Der Anteil kanadischer ADI am gesamten Zufluss von ADI in den USA ist zwischen 1993 und 2017 von 8,6% auf 11,2% gestiegen.

Der Anstieg von ADI innerhalb der NAFTA-Region ist eng mit dem Ausmaß an intra-Firmenhandel verknüpft. Dieser entsteht, wie unter 3.2.2 erläutert, sofern sich multinationale Unternehmen dazu entscheiden, Offshoring zu betreiben und Teile der Wertschöpfungskette in ausländische Tochtergesellschaften zu verlagern. Intra-Firmenhandeln stellt somit einen weiteren Indikator für die Verflechtung der Handelsbeziehungen innerhalb NAFTAs dar. Laut Statistiken des US Census Bureau zum „related party trade"[91] fanden im Jahr 2016 im US-Handel mit Mexiko im Durchschnitt 71% der Importe und 42% der Exporte zwischen verbundenen Firmen statt. Verglichen mit den Daten aus dem Jahr 2005, dem frühesten Jahr in welchem die Daten zur Verfügung stehen, ist der Anteil seitens der Exporte konstant geblieben. Seitens der Importe hingegen lag der intra-Firmenhandel im Jahr 2005 noch bei rund 44%. Dieser Anstieg um 27% hängt u.a. mit den gestiegenen ADI US-amerikanischer Unternehmen in die mexikanische Wirtschaft zusammen.

---

[91] Related Party Trade" bezieht sich auf Importtransaktionen zwischen Parteien, bei der eine Partei ein (in)direktes Stimmrecht besitzt sowie eine Kapitalbeteiligung von mindestens 6% und auf Exporttransaktionen zwischen einem US-Exporteur und einem ausländischen Empfänger, bei der eine Partei eine Kapitalbeteiligung von mindestens 10% innehat, vgl. https://relatedparty.ftd.census.gov/relatedhelp.html#revised

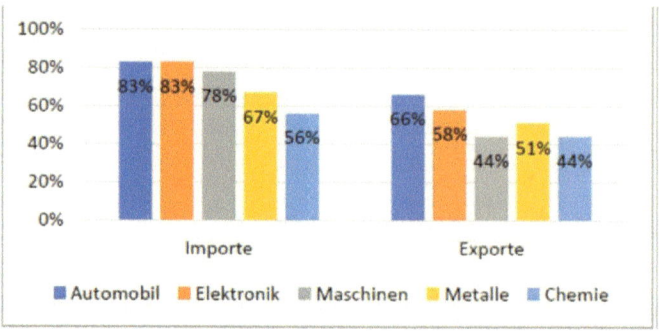

Abb. 3: Intra-Firmenhandel nach Sektoren zwischen Mexiko und den USA (2016) (Quelle: Eigene Darstellung auf Grundlage der Daten des US Census Bureau.[92])

Die Abbildung 3 veranschaulicht die Anteile des intra-Firmenhandels zwischen Mexiko und den USA für ausgewählte Industriesektoren im Jahr 2016. Es wird deutlich, dass die Verflechtung besonders im Automobil- und Elektroniksektor sowie im Maschinenbau besonders ausgeprägt ist. Dies korreliert mit dem bereits erwähnten Anstieg der ADI in diese Branchen. Weiterhin sind die Güter dieser Industrien, wie vorher erläutert, für rund die Hälfte des gesamten Handels zwischen den USA und Mexiko verantwortlich. Auch der Metallsektor und der Chemiesektor, in welche ein hoher Anteil der US-amerikanischen ADI geflossen ist, weisen überdurchschnittlich hohe Anteile an intra-Firmenhandel auf. Weiterhin zeigt sich, dass der intra-Firmenhandel im Falle der Importe in jedem Sektor deutlich höher ist als für die Exporte. Im Falle Kanadas lag der durchschnittliche Anteil an intra-Firmenhandel im Jahr 2016 bei 50% für die US-Importe und 40% für die US-Exporte. Somit ist der Anteil besonders seitens der Importe deutlich geringer als im US-Handel mit Mexiko. Zusätzlich ist zu erwähnen, dass sich im Vergleich zu 2005 der durchschnittliche Anteil an intra-Firmenhandel seitens der Importe nicht verändert hat. Seitens der Exporte ist der Anteil im Jahr 2016 um 2% gesunken. Der Sektor mit dem höchsten Anteil an intra-Firmenhandel zwischen den USA und Kanada war im Jahr 2016 die Automobilbranche, mit einem Anteil von 81% der Importe und 64% der Exporte.[93]

Ein weiteres Indiz für die Verflechtung der Produktionsprozesse innerhalb der NAFTA-Region ist der hohe Anteil an gehandelten Vorleistungsgütern bzw.

---

[92] Abrufbar unter: https://relatedparty.ftd.census.gov/ (abgerufen am 11.11.2018).
[93] Alle Daten beziehen sich auf die US Census Bureau Datenbank, abrufbar unter: https://relatedparty.ftd.census.gov/ (abgerufen am 04.11.2018).

Zwischenprodukten. Diese stellen Komponenten dar, die zunächst importiert werden und anschließend als Input in der Produktion eines Endproduktes verwendet werden. Werden diese Endprodukte wieder exportiert, kommt es zu den bereits erwähnten Doppelzählungen in den Außenhandelsstatistiken, da die Bruttobeträge der Importe und Exporte gezählt werden und nicht nur der zusätzlich geschaffene Wert des Gutes. Im Jahr 2015 betrug der Anteil an importierten Zwischenprodukte der USA 43% der gesamten US-Importe. Dabei machten die Importe aus der NAFTA-Region den größten Anteil aus. So handelte es sich bei 50% aller importierten Güter aus Kanada und Mexiko um Vorleistungsgüter.[94] Bei genauerer Betrachtung des US-Handels mit den NAFTA-Partnern zeigt sich, dass Vorleistungsgüter auch seitens der US-Exporte einen erheblichen Anteil ausmachen. Im Jahr 2016 lag der Anteil der Vorleistungsgüter an den US-Exporten nach Mexiko bei 65%. Im Falle der Exporte nach Kanada lag diese Zahl bei 47%. Auf Seiten der US-Importe lag der Anteil der Vorleistungsgüter bei 40% für Güter aus Mexiko und bei 56% für kanadische Güterimporte.[95] Diese Zahlen verdeutlichen das hohe Ausmaß der Integration von Wertschöpfungsketten innerhalb der NAFTA-Region. Betrachtet man die Entwicklung des gesamten Handels mit Vorleistungsgütern innerhalb von NAFTA, zeigt sich, dass dieser zwischen 1995 und 2015 von 45% auf 53% angestiegen ist. Dies verdeutlicht die Vertiefung von vertikalen Liefer- und Produktionsketten sowie grenzüberschreitender Arbeits-teilung. Die USA hat dabei den größten Anteil an Importen und Exporten von Vorleistungsgütern. Weiterhin hat die Relevanz Mexikos zwischen 1995 und 2015 stark zugenommen. Zwischen den Jahren 2005 und 2015 konnte Mexiko Kanada als zweitwichtigsten Exporteur und Importeur von Zwischenprodukten innerhalb des Integrationsraums überholen. Weiterhin waren im Jahr 2015 83% der mexikanischen Exporte von Vorleistungsgütern an die USA bestimmt, was nochmals die hohe Relevanz des vertikalen intraindustriellen Handels der USA mit Mexiko unterstreicht.[96] US-amerikanische Unternehmen profitieren in zweierlei Hinsicht von dem Handel mit Vorleistungsgütern innerhalb NAFTAs. Einerseits ist es möglich, durch den Wegfall von Handelsbarrieren und die Nutzung regionaler Liefer- und Produktionsketten günstige Zwischenprodukte aus Mexiko und Kanada zu importieren. Dies erhöht die Produktionseffizienz in Folge niedrigerer Produktionskosten, macht US-amerikanische

---

[94] Vgl. *Parilla, Joseph,* Supply, 2017, ohne Seitenangabe.
[95] Vgl. *Diekmann, Berend/van Dyken, Katrin,* NAFTA, 2018, S. 101.
[96] Vgl. *World Bank Group,* Value, 2017, S. 62f.

Unternehmen global wettbewerbs-fähiger und fördert US-Exporte. Gleichzeitig profitieren die Konsumenten durch geringere Güterpreise. Andererseits können durch den Export von Zwischenprodukten und die Auslagerung von Produktionsprozessen komparative Kostenvorteile ausgenutzt werden. Dies führt zu Spezialisierungseffekten und der Nutzung von steigenden Skalenerträgen, wodurch die Produktivität und die globale Wettbewerbsfähigkeit von US-Firmen ebenfalls steigen. So werden bspw. Zwischenprodukte für arbeitsintensive Produktionsprozesse, bzw. Prozesse mit einem hohen Bedarf an niedrigqualifizierter Arbeit, nach Mexiko exportiert. Später werden sie wieder in die USA importiert, entweder als fertiges Produkt oder um in (human)kapitalintensiven Produktionsprozessen weiter verarbeitet zu werden. Als Beispiel ist die unter 4.1.1 erwähnte Maquiladora Industrie zu nennen, welche seit der Gründung NAFTAs stark gewachsen ist. Die Daten zeigen, dass die NAFTA-Staaten bereits vor der Gründung des Abkommens zu einem gewissen Grad integriert waren. Die technologischen Fortschritte in den 90er-Jahren sowie sinkende Transport- und Kommunikationskosten förderten die Entstehung vertikaler Produktions- und Lieferketten. NAFTA hat diese regionalen Wertschöpfungsketten somit nicht gebildet, sondern lieferte die Rahmenbedingungen für die Vertiefung der Arbeitsteilung entlang komparativer Kostenvorteile.[97]

An dieser Stelle ist auf den Aspekt der US-Wertschöpfung an den importierten Endprodukten aus der NAFTA-Region einzugehen. Die bekannteste Studie zu diesem Thema stammt von Koopmann aus dem Jahr 2010. Darin analysiert er die Export- und Importdaten der USA für das Jahr 2004. Er fand heraus, dass die US-Wertschöpfung an den importierten Endprodukten aus Mexiko 40% und an den Importen aus Kanada 25% beträgt. Damit machten die Importe aus den NAFTA-Staaten rund 75% der gesamten US-Wertschöpfung aus, die in Form von Importen wieder in die USA zurückflossen. Im Vergleich dazu lag der Anteil der US-Wertschöpfung bei Importen aus China, dem wichtigsten US-Handelspartner auf Seiten der Güterimporte, lediglich bei 4%.[98] Im Folgenden werden zusätzlich die Daten der „Trade in Value Added" (TiVA) Datenbank der OECD hinzugezogen.[99] Diese enthält derzeit Daten zu den Jahren 1995 bis 2011. Die Daten basieren auf nationalen und internationalen Handelsstatistiken. Dazu zählen bspw. globale Input-Output Daten und

---

[97] Vgl. *Villareal, M. Angeles/Fergusson, Ian F.*, Agreement, 2017, S. 16, 32.
[98] Vgl. *Koopman, Robert/Power, Williams/Wang, Zhi/Wie, Shang-Jin*, Exports, 2010, S. 8 (Appendix).
[99] Abrufbar unter https://stats.oecd.org/index.aspx?queryid=75537# (abgerufen am 12.11.2018).

Statistiken zum bilateralen Güter- und Dienstleistungshandel nach unterschiedlichen Verwendungskategorien und Sektoren. Laut dieser Daten lag die US-Wertschöpfung im Jahr 2011 durchschnittlich bei rund 12% seitens mexikanischer Importe und bei 10% seitens kanadischer Importe. Auffällig ist jedoch, dass laut den Daten der OECD die Anteile der US-Wertschöpfung an den Importen aus der NAFTA-Region seit dem Jahr 2000 kontinuierlich gesunken sind und im Jahr 2011 unterhalb des Niveaus aus dem Jahr 1995 lagen. Im Jahr 1995 lag der Anteil im Durchschnitt bei 18,6% für mexikanische Importe und bei 16,6% für Importe aus Kanada. Bis zum Jahr 2000 stiegen diese auf 21,4% bzw. 17,1% an und fielen danach bis zum Jahr 2011 auf die bereits genannten Werte. Weiterhin geht aus den Daten hervor, dass die durchschnittlichen Anteile der chinesischen Wertschöpfung an den Importen aus Mexiko und Kanada in der betrachteten Periode gestiegen sind. Diese Entwicklung zeichnet sich besonders im Produktionssektor ab, wo die Anteile von rund 0,1% auf 2%-7%, je nach betrachteter Branche, gestiegen sind.

Die US-Regierung strebte in den Neuverhandlungen zu NAFTA strengere Ursprungsregeln an, um so den Anteil der US-Wertschöpfung wieder anzuheben. Dabei stützte sie ihre Argumentation unter anderem auf die genannten Daten aus der TiVa-Datenbank. Jedoch sei erwähnt, dass die Daten auf Annahmen beruhen, die den Anteil der US-Wertschöpfung an den Importen aus Mexiko und Kanada zu gering einschätzen. So wird bspw. davon ausgegangen, dass alle Firmen in einer einzelnen Industrie, unabhängig davon ob sie für den Heimatmarkt oder für den ausländischen Markt produzieren, dieselben Inputs verwenden. Jedoch verwenden exportorientierte Unternehmen, wie bspw. die unter 4.1 erwähnten Maquiladora Fabriken in Mexiko, höhere Anteile an Zwischenprodukten aus den USA als Hersteller, die für den Heimatmarkt produzieren. Denn aufgrund von verschiedenen Einkommensniveaus und Produktpräferenzen unterscheiden sich die Nachfragestrukturen innerhalb der NAFTA-Region. Weiterhin besteht für exportorientierte Unternehmen durch die vorgegeben Ursprungsregeln der Anreiz, einen höheren Anteil an NAFTA-interner Wertschöpfung aufzuweisen, um von der Präferenzbehandlung zu profitieren.[100]

Die vorangegangene Erläuterung der integrierten Produktionsprozesse in der NAFTA-Region verdeutlicht, dass eine Vielzahl an US-Arbeitsplätzen sowohl von den Exporten als auch von den Importen mit den NAFTA-Partnern abhängt. Laut einer Studie der US-Handelskammer hingen im Jahr 2010 rund 14 Mio.

---

[100] Vgl. *Scotiabank Economics*, Changes, 2017, S. 3f.

Arbeitsplätze in den USA vom Handel mit Mexiko und Kanada ab, wobei die Abhängigkeit von fünf Mio. dieser Arbeitsplätze auf den Handelsanstieg in Folge von NAFTA zurückzuführen sei.[101] Gemäß den klassischen Außenhandelstheorien erfolgt aufgrund von Freihandel und einem Anstieg des Außenhandels eine Restrukturierung der Wirtschaft entlang komparativer Kostenvorteile. Demnach schrumpfen jene Sektoren, die aufgrund von relativ knappen Faktorausstattungen oder relativen Produktivitätsnachteilen mit günstigeren Importen konkurrieren. Sektoren, die verglichen mit den Handelspartnern eine relativ hohe Faktorausstattung sowie Produktivitätsvorteile aufweisen, expandieren hingegen. Übertragen auf den Handel zwischen den USA und Mexiko würde dies bedeuten, dass die hochqualifizierten Arbeiter in den USA aufgrund der relativ hohen Verfügbarkeit tendenziell vom gestiegenen Handel profitieren würden. Sektoren mit einem hohen Bedarf an niedrigqualifizierten Arbeitern hingegen würden aufgrund des komparativen Kostenvorteils auf Seiten Mexikos Verluste hinnehmen. NAFTA-Kritiker machen das Abkommen für den millionenfachen Verlust von Arbeitsplätzen verantwortlich. Dabei liegt der Fokus ihrer Kritik auf dem Produktionssektor, dessen Anteil am gesamten US-amerikanischen Arbeitsmarkt seit dem Jahr 2000 um 29% geschrumpft ist.[102] Es gibt eine Vielzahl an Studien, die versuchen, die Effekte NAFTAs auf die Beschäftigungsentwicklung zu quantifizieren. Die Mehrheit der Schätzungen kommt dabei zu dem Schluss, dass NAFTA lediglich für weniger als 5% der jährlichen Veränderungen am US-amerikanischen Arbeitsmarkt verantwortlich ist. Dies lässt sich mit der immensen Größe und den starken jährlichen Bewegungen am US-Arbeitsmarkt begründen. Jedes Jahr schafft die US-Wirtschaft zwar neue Arbeitsplätze in Millionenhöhe, jedoch entfallen gleichzeitig bestehende Arbeitsplätze in ähnlicher Größenordnung, unter anderem bedingt durch technologischem Fortschritt. Sofern sich die USA nicht in einer Rezession befinden, liegt der Nettoeffekt im Durchschnitt bei über zwei Mio. zusätzlichen Arbeitsplätzen pro Jahr.[103] Bei der Betrachtung des gesamten US-Arbeitsmarkts in den Jahren nach Inkrafttreten NAFTAs, zeigt sich, dass der Nettoeffekt bis zum Jahr 2001 bei rund drei Mio. zusätzlichen Arbeitsplätzen jährlich lag. Dies beweist zwar nicht, dass NAFTA Arbeitsplätze geschaffen hat. Jedoch wird deutlich, dass, falls NAFTA zu Beschäftigungs-

---

[101] Vgl. *US Chamber of Commerce*, Facts, 2017, S. 16f.
[102] Vgl. *Wilson, Christopher*, Economic, 2017, S. 39f.
[103] Vgl. *Gerber, James*, International, 2017, S. 352.

verlusten führte, diese durch andere Faktoren, wie dem starken wirtschaftlichen Wachstum in der zweiten Hälfte der 90er Jahre, weit übertroffen wurden.[104]

Einige Studien beziehen sich für die Kalkulation der Arbeitsplatzverluste durch NAFTA auf die Daten des „Trade Adjustment Assistance" Programms (TAA). Das TAA bietet die Finanzierung von Umschulungen sowie Arbeitslosenunterstützung, sofern Arbeitnehmer nachweisen können, dass sie ihren Arbeitsplatz aufgrund von Importkonkurrenz oder Produktionsverlagerungen in Form von Offshoring verloren haben. Zwischen den Jahren 1994-2017 erhielten knapp eine Mio. Beschäftigte Zugang zum TAA infolge von Arbeitsplatzverlusten durch NAFTA. [105] Dies entspricht jährlich knapp über 40.000 Arbeitsplätze, und liegt somit deutlich unterhalb von 5% der Arbeitsplätze, die in der US-Wirtschaft jedes Jahr wegfallen. Laut anderen Berechnungen von Hufbauer sind zwischen 2009 und 2011 jährlich rund vier Mio. Arbeitsplätze, hauptsächlich aufgrund von Wettbewerbsdruck innerhalb der US-Wirtschaft und in Folge des technologischen Fortschritts, weggefallen. Hufbauer kommt zu dem Schluss, dass allenfalls 5% dieser Arbeitsplatzverluste, also rund 200.000 Arbeitsplätze jährlich, auf die steigenden Importe aus Mexiko zurückzuführen sind. Weiterhin kommt er zu dem Ergebnis, dass in dieser Zeit rund 188.000 neue Arbeitsplätze in Folge von zusätzlichen Exporten nach Mexiko geschaffen wurden. In Summe ergäbe sich somit ein jährlicher Nettoverlust von 12.000 Arbeitsplätzen. Jedoch ist an dieser Stelle zu erwähnen, dass die neuen Arbeitsplätze in den exportorientierten Sektoren tendenziell höher entlohnt werden als jene Arbeitsplätze, die aufgrund der mexikanischen Importkonkurrenz verloren gegangen sind. Hufbauer kommt bei seinen Berechnungen auf einen Wert zwischen 7%-15%. Für die einzelnen Arbeiter sind diese Arbeitsplatzverluste schmerzhaft, jedoch profitiert die Volkswirtschaft als Ganzes durch den Handel in Form von niedrigeren Güterpreisen, einer größeren Gütervielfalt sowie gesteigerter Produktivität.[106]

Aufgrund der hohen Relevanz des Industriesektors im Handel mit den NAFTA-Staaten ist an dieser Stelle knapp auf dessen Entwicklung einzugehen. Wie bereits erwähnt, hat die Beschäftigtenanzahl in diesem Sektor in den letzten Jahrzehnten stark abgenommen. Betrachtet man die Entwicklung der Produktionsmenge, fällt

---

[104] Vgl. Ebd., S. 352f.
[105] Vgl. TAA Datenbank, abrufbar unter https://www.citizen.org/trade-adjustment-assistance-database (abgerufen am 10.11.2018).
[106] Vgl. *Hufbauer, Gary Clyde/Cimino, Cathleen/Moran, Tyler*, Misleading, 2014, S. 5-7.

jedoch auf, dass diese im selben Zeitraum stark angestiegen ist. Somit hat sich die Produktivität im Industriesektor im Laufe der Zeit stark erhöht. Als treibender Faktor wird der technologische Fortschritt angesehen. In Folge der gestiegenen Produktivität sinkt die Gesamtnachfrage nach Industriearbeitern. Gleichzeitig erhöht sich jedoch aufgrund neuer Produktionstechnologien das notwendige Qualifikationsniveau der Arbeiter. Dies hat zu der wachsenden Kluft in den Löhnen für hoch- und niedrigqualifizierte Arbeitnehmer beigetragen. Forscher der Ball State Universität fanden heraus, dass 87% der Arbeitsplatzverluste im US-Industriesektor zwischen 2000 und 2010 auf Produktivitätszuwächse zurückzuführen seien. Die Effekte des Handels liegen laut ihren Berechnungen lediglich bei 13%.[107]

Weiterhin machen NAFTA-Kritiker das Freihandelsabkommen für die erwähnte wachsende Einkommensungleichheit zwischen hoch- und niedrigqualifizierten Arbeitern in den USA verantwortlich.[108] Gemäß dem Stolper-Samuelson Theorem würden in Folge von Freihandel die Löhne der hochqualifizierten Arbeiter in den USA tendenziell steigen und vice versa. Die meisten Forscher sind sich derzeit einig, dass der Hauptgrund für die wachsenden Lohndifferenzen im techno-logischen Wandel und dem daraus resultierenden, höheren Qualifikationsniveau liegt. US-Daten zu den relativen Güterpreisen bestätigen diese Annahme, denn gemäß dem Faktorproportionentheorems wirkt sich Außenhandel durch veränderte relative Produktpreise auf die Einkommensverteilung aus. Wäre Außenhandel also die Hauptursache für die wachsenden Lohndifferenzen, müsste sich ein eindeutiger Anstieg der Produktpreise für qualifikationsintensive Güter in Relation zu Gütern mit einem hohen Bedarf an niedrigqualifizierter Arbeit feststellen lassen. Untersuchungen der relativen Produktpreise in den USA konnten solche Bewegungen nicht feststellen. Dennoch spielt Außenhandel eine, wenn auch untergeordnete, Rolle in der Einkommensentwicklung. So fanden neuere Studien heraus, dass Außenhandel den technologischen Wandel beschleunigt, da exportorientierte Unternehmen tendenziell qualifikationsintensivere Produktions-technologien einführen. Weiterhin kommen einige Studien zu dem Schluss, dass sich in den USA die relative Nachfrage an qualifizierten Arbeitern durch die Verlagerung von arbeitsintensiven Produktionsprozessen in Niedriglohnländer wie Mexiko erhöht hat.[109] Laut einer Studie aus

---

[107] Vgl. Hicks, Micheal/Devaraj, Srikant, Myth, 2017, S. 6.
[108] Vgl. Hufbauer, Gary Clyde/Cimino, Cathleen/Moran, Tyler, Misleading, 2014, S. 1.
[109] Vgl. Krugman, Paul R./Obstfeld, Maurice/Melitz, Marc J., Economics, 2015, S. 149-153.

dem Jahr 2012 hatte NAFTA einen negativen Effekt auf die Lohnentwicklung von Fabrikarbeitern, sowie Arbeitern ohne Hochschulabschluss. Die Studie zeigt eine Reduktion des Lohnwachstums um 16% bzw. 8%. Dieser Effekt findet sich vorrangig in Sektoren mit einer hohen Importkonkurrenz aus Mexiko, wie bspw. die Textil- und Schuhindustrie.[110] Dennoch ergibt die Mehrheit der Studien, dass NAFTA keinen signifikanten Einfluss auf die Lohnentwicklung und die steigende Einkommensungleichheit in den USA hatte.[111]

Abschließend soll dargestellt werden, wie sich NAFTA auf die Wohlfahrt in Folge von handelsschaffenden und -umlenkenden Effekten ausgewirkt hat. Es gibt eine Vielzahl an Studien, die versuchen, diesen Effekt anhand unterschiedlicher Modellansätze zu quantifizieren. Grundsätzlich kommen die Studien zu dem Ergebnis, dass NAFTA einen signifikanten Beitrag zum Anstieg des Handelsvolumens geleistet hat, besonders im US-Handel mit Mexiko. Gleichzeitig werden jedoch die Wohlfahrtsgewinne durch das Abkommen als gering eingeschätzt.[112] Dies lässt sich damit begründen, dass der Handel mit den NAFTA-Staaten, gemessen am gesamten Bruttoinlandsprodukt (BIP) der USA, nur einen geringen Teil ausmacht. So entsprach der Handel mit Mexiko und Kanada im Jahr 1994 weniger als 5% des US-amerikanischen BIP. Der bilaterale Handel mit Mexiko hatte dabei einen Anteil von rund 1,4%. Im Jahr 2016 lag der Anteil des NAFTA-Handels bei 5,8 % des BIP, wobei der Handel mit Mexiko und Kanada jeweils in etwa den gleichen Anteil daran ausmachte.[113] In einer Studie aus dem Jahr 2007 wurden die globalen Handelsdaten für 5000 verschiedene Güter analysiert. Die Studie kam zu dem Ergebnis, dass das Handelswachstum zwischen den USA und Mexiko zu 23% auf das Freihandelsabkommen zurückzuführen ist. Der Autor kommt jedoch zu dem Schluss, dass NAFTA bedeutende handelsumlenkende Effekte verursacht hat. So wird geschätzt, dass ein Abbau der Zölle innerhalb NAFTAs um 1% zu einer Reduzierung der Importe aus Drittländern um durchschnittlich 1,3%-2,2% führte. Dennoch zeigt die Studie keine bedeutsamen Effekte auf die Preise oder die Wohlfahrt der Mitgliedsstaaten.[114] Eine Studie von Dixon und Rimmer aus dem Jahr 2015 untersucht die Handels- und Wachstumsdaten der Mitgliedsstaaten zwischen den Jahren 1992 und

---

[110] Vgl. *McLaren, John/Hakobyan, Shushanik*, Labor, 2012, S. 3f.
[111] Vgl. *Caliendo, Lorenzo/Parro, Fernando* (2015); *De la Cruz, Justino/Riker, David* (2014) et al.
[112] Vgl.*Khachaturian, Tamar/Riker, David*, Agreements, 2016, S. 255.
[113] Vgl. WITS Datenbank, abrufbar unter https://wits.worldbank.org/countrysnapshot/en/USA (abgerufen am 14.11.2018).
[114] Vgl. *Romalis, John*, Impact, 2007, S. 432f.

1998. Die Autoren schätzen, dass von dem kumulierten BIP-Wachstum, welches in der betrachteten Periode 24,4% betrug, insgesamt 0,2% NAFTA zuzuschreiben sind. Weiterhin kommen sie zu dem Ergebnis, dass 0,4% des gestiegenen privaten und öffentlichen Konsums zwischen 1992 und 1998 auf NAFTA zurückzuführen ist. Ausgedrückt in US-Dollar des Jahres 2015 entspricht dies einem jährlichen Wohlfahrtszuwachs von 50 Mrd. $. Zudem wird der Anstieg des Handels zwischen den USA und Mexiko durch NAFTA auf 27% geschätzt. Im Falle des Handels mit Kanada finden die Autoren keinen signifikanten Effekt durch NAFTA.[115] Eine neuere Studie aus dem Jahr 2015 integriert den Handel mit Vorleistungsgütern innerhalb vertikaler Wertschöpfungsketten in die Analyse. Die Ergebnisse beziehen sich auf die Daten der Jahre 1993 bis 2005. Die Autoren kommen zu dem Ergebnis, dass der US-Handel innerhalb der NAFTA-Region in Folge des Zollabbaus um 41% gestiegen ist. Das Handelswachstum für Mexiko und Kanada lag bei 118% bzw. 11%. Weiterhin kommen sie zu dem Schluss, dass die handelsschaffenden Effekte durch NAFTA die handelsumlenkenden Effekte überwiegen. In Bezug auf die Wohlfahrt finden die Autoren somit einen Zuwachs von 0,08% für die USA sowie 1,3% für Mexiko. Im Falle von Kanada errechnen sie jedoch einen Wohlfahrtsverlust von 0,06%. Zusätzlich kommen die Autoren zu dem Schluss, dass die positiven Wohlfahrtseffekte zu 50% geringer ausfallen, sofern in den Berechnungen vertikale Wertschöpfungsketten und der Handel mit Vorleistungsgütern nicht miteinbezogen werden.[116] Insgesamt lässt sich sagen, dass in der Literatur die handelsschaffenden Effekte durch NAFTA überwiegen. Lediglich in den Textil- und Bekleidungssektoren werden häufig stärkere handelsumlenkende Effekte festgestellt.[117]

5.2 Fallbeispiel: Der Automobilsektor unter NAFTA

Im Folgenden soll die Entwicklung des Automobilsektors unter NAFTA genauer betrachtet werden, da dieser, wie im vorigen Kapitel erläutert, die wichtigste Branche im Handel innerhalb der NAFTA-Region darstellt. Aufgrund des begrenzten Rahmens dieser Arbeit liegt der Fokus dabei auf der Entwicklung der Handelsströme sowie der Vertiefung vertikaler Wertschöpfungsketten.

Wie unter 4.2 erläutert, bestanden vor der Gründung des Abkommens hohe tarifäre und nicht-tarifäre Handelshemmnisse auf Seiten Mexikos. Hingegen war der

---

[115] Vgl. *Rimmer, Maureen/Dixon, Peter*, NAFTA, 2015, S. 7.
[116] Vgl. *Caliendo, Lorenzo/Parro, Fernando*, Effects, 2014, S. 3f.
[117] Vgl. *Krueger, Anne O.* (1999); *Fukao, Kyoji* (2002); *Lederman, Daniel* (2005) et al.

Automobilsektor zwischen den USA und Kanada in Folge des Autopakts und des 1989 unterzeichneten Freihandelsabkommens bereits weitgehend liberalisiert und integriert. Die Öffnung des bis dahin stark protektionistischen Marktes in Mexiko war eines der Hauptziele der USA. Besonders für die US-amerikanischen Autobauer General Motors, Ford und Chrysler, auch die „Big Three" genannt, war diese Öffnung entscheidend, da zu der Gründungszeit NAFTAs der mexikanische Automobilsektor so schnell wie weltweit kein anderer wuchs.[118]

in Mrd. US$	1993		2016		Veränderung (%)	
	Importe	Exporte	Importe	Exporte	Importe	Exporte
Mexiko						
Fahrzeuge	3,7	0,2	49,7	4,6	1242%	2222%
Fahrzeugteile	7,4	7,3	46,3	22,5	526%	209%
Kanada						
Fahrzeuge	26,7	8,2	46,7	26,1	75%	218%
Fahrzeugteile	10,3	18,2	14	26,4	36%	45%
Welt						
Fahrzeuge	63	18,9	199,5	68,4	217%	262%
Fahrzeugteile	38,3	33,4	115,4	64,1	201%	92%

Tabelle 4: US-Handel mit Fahrzeugen und Fahrzeugteilen, 1993 vs. 2016
(Quelle: Eigene Darstellung in Anlehnung an Villareal, M. Angeles/Fergusson, Ian F., Agreement, 2017, S. 18.[119])

Bei der Betrachtung der Handelsentwicklung zwischen den NAFTA-Staaten wird eine ähnliche Entwicklung wie unter 5.1 deutlich. Während der Handel mit Fahrzeugen und Fahrzeugteilen zwischen den USA und Mexiko stark an Bedeutung gewonnen hat, ist der Anteil Kanadas zwischen 1993 und 2016 zurückgegangen. In Tabelle 4 wird diese Entwicklung genauer dargestellt. An dieser Stelle ist zu erwähnen, dass es sich bei den Daten um nominale Werte handelt. Weiterhin enthalten die vorliegenden Daten Doppelzählungen, ähnlich wie in der Tabelle unter 5.1, da die Bruttobeträge der Importe und Exporte gezählt werden und nicht nur der zusätzlich geschaffene Wert des Gutes. Dieser Aspekt ist für den Automobilsektor unter NAFTA von besonderer Bedeutung, da eine hohe Integration in Form von vertikalen Wertschöpfungsketten besteht. Es wird deutlich, dass der Handel mit Fahrzeugen und Fahrzeugteilen zwischen den USA und Mexiko überproportional

---

[118] Vgl. *Hufbauer, Gary C./Schott, Jeffrey J.*, Assessment, 1993, S. 37.
[119] Fahrzeuge und Fahrzeugteile sind jeweils nach den NAICS Nummern 3361 und 3363 klassifiziert.

gestiegen ist. Der Anteil Mexikos an den gesamten US-Importen und -Exporten im lag Jahr 1993 bei 10,9% bzw. 14,3%. Im Jahr 2016 betrug der Anteil 30,5% bzw. 21%. Weiterhin wird ersichtlich, dass die Importe deutlich stärker angestiegen sind als die Exporte, wodurch das US-Handelsbilanzdefizit mit Mexiko im Bereich des Automobilsektors von 3,6 Mrd. US$ auf rund 69 Mrd. US$ gestiegen ist. Dabei ist diese Diskrepanz zwischen Exporten und Importen im Handel mit Fahrzeugen jedoch wesentlich größer, als im Handel mit Fahrzeugteilen. Diese Daten liefern bereits einen Hinweis auf die Integration in Form von vertikalen, grenzüberschreitenden Produktionsprozessen, bei denen Fahrzeugteile für die finale Montage nach Mexiko exportiert werden, um anschließend die fertigen Fahrzeuge wieder zu importieren.

Betrachtet man die Anteile Kanadas an den gesamten Importen und Exporten der USA, so wird deutlich, dass diese im Jahr 1993 bei 36,5% und 50,5% lagen. Zu der Zeit war Kanada damit der wichtigste Handelspartner im Automobilsektor. Im Jahr 2016 sind diese Anteile deutlich gesunken und lagen bei 19,3% und 39,6%. Die Exporte von Fahrzeugen und Fahrzeugteilen nach Kanada sind außerdem zwischen 1993 und 2016 stärker angestiegen als die Importe in diesen Kategorien. Somit hat sich das US-Handelsbilanzdefizit mit Kanada nur minimal von 10,6 Mrd. US$ auf 10,9 Mrd. US$ erhöht. Insgesamt betrachtet ist die NAFTA-Region sowohl im Jahr 1993 als auch im Jahr 2016 für die USA der wichtigste Beschaffungs- und Absatzmarkt im Automobilsektor. Die Betrachtung der wichtigsten Handelspartner der USA für Fahrzeuge und Fahrzeugteile, dargestellt in Tabelle 5, bestätigt diese Feststellung. Aus der Tabelle geht hervor, dass 75% der US-Exporte von Fahrzeugteilen im Jahr 2016 innerhalb der NAFTA-Region verblieben sind. Verglichen mit den Daten aus dem Jahr 1993 ist dieser Anteil um 2% gesunken. Die Anteile von Mexiko und Kanada waren im Jahr 2016, im Gegensatz zum Jahr 1993, in etwa ausgeglichen. Auf Seiten der Importe kamen rund 49% der eingeführten Fahrzeugteile aus den NAFTA-Staaten. Verglichen mit 1993 ist dieser Wert um 2% gestiegen. Auffällig ist dabei, dass Mexiko Kanada als wichtigsten Zulieferer für Fahrzeugteile abgelöst hat. Während der Anteil Mexikos zwischen 1993 und 2016 um rund 21% gestiegen ist, ist der Anteil Kanadas um knapp 20% gefallen.

Fahrzeugteile						
1993				2016		
Exporte		Importe		Exporte		Importe	
Kanada	55,4%	Kanada	33,9%	Kanada	39,3%	Mexiko	34,3%
Mexiko	21,6%	Japan	33,6%	Mexiko	35,7%	Kanada	14,2%
Deutschland	3,1%	Mexiko	13,0%	China	4,5%	China	13,7%
Japan	3,1%	Frankreich	3,9%	Deutschland	1,6%	Japan	12,0%
Belgien	1,6%	Deutschland	3,6%	Niederlande	1,6%	Deutschland	7,9%

Fahrzeuge						
1993				2016		
Exporte		Importe		Exporte		Importe	
Kanada	45,5%	Kanada	41,4%	Kanada	38,6%	Mexiko	24,5%
Saudi-Arabien	7,3%	Japan	37,4%	China	12,3%	Kanada	23,1%
Taiwan	6,1%	Deutschland	8,5%	Deutschland	9,3%	Japan	19,7%
Japan	6,1%	Mexiko	5,6%	Mexiko	6,7%	Deutschland	11,0%
Deutschland	5,1%	Schweden	1,8%	Saudi-Arabien	4,3%	Korea	7,7%

Tabelle 5: Der Anteil der wichtigsten US-Handelspartner am Handel mit Fahrzeugen und Fahrzeugteilen, 1993 vs. 2016
(Quelle: Eigene Darstellung auf Grundlage der US International Trade Commission Datenbank.[120])

Bei der Betrachtung des Fahrzeughandels wird eine ähnliche Restrukturierung der Handelsrichtung mit den NAFTA-Staaten deutlich wie im Handel mit Fahrzeugteilen. Im Jahr 2016 verblieben rund 48% der exportierten Fahrzeuge innerhalb des Integrationsraums. Verglichen mit den Daten aus dem Jahr 1993 ist dieser Anteil um knapp 1% gestiegen. Im Gegensatz zum Export von Fahrzeugteilen ist der Anteil Kanadas weniger stark gesunken und der Anteil Mexikos in geringerem Maße gestiegen. Auf Seiten der Importe hingegen hat Mexiko Kanada erneut als wichtigsten Zulieferer abgelöst. Der Anteil Mexikos ist, ähnlich wie im Falle der Fahrzeugteile, um rund 19% gestiegen, wohingegen der Anteil Kanadas um etwa 18% gesunken ist. Im Jahr 2016 kamen außerdem rund 48% der Fahrzeugimporte aus der NAFTA-Region. Verglichen mit den Daten aus dem Jahr 1993 ist dieser Anteil nahezu unverändert. Die Daten in der Tabelle verdeutlichen das hohe Ausmaß an Integration im Automobilsektor innerhalb der NAFTA-Region. Weiterhin wird deutlich, dass seit der Gründung NAFTAs eine Restrukturierung des nordamerikanischen Automarktes stattgefunden hat. Während der Anteil der NAFTA-Staaten an den Importen und Exporten von Fahrzeugen und Fahrzeugteilen nahezu unverändert ist, hat der mexikanische Markt stark an Bedeutung gewonnen, insbesondere bei den Importen von Fahrzeugen und Fahrzeugteilen. Durch die Öffnung des bis

---

[120] Abrufbar unter https://dataweb.usitc.gov/ (abgerufen am 18.11.2018); Fahrzeuge und Fahrzeugteile sind klassifiziert nach dem Standard International Trade Classification (SITC) Kodex.

dahin stark protektionistischen Automarktes in Mexiko vertieften sich folglich die vertikalen, grenzüberschreitenden Wertschöpfungsketten. Fahrzeughersteller in Nordamerika richteten ihre Produktionsketten entlang komparativer Kostenvorteile neu aus, um von Mexikos geringeren Löhnen und der hohen Verfügbarkeit an geringqualifizierter Arbeit zu profitieren. So wurden die Produktionsprozesse dorthin verlegt, wo sie jeweils am günstigsten waren. Weiterhin erlangten US-Hersteller Zugang zu günstigeren, relativ arbeitsintensiven Komponenten aus Mexiko und mexikanische Hersteller erlangten Zugang zu günstigeren, relativ kapitalintensiven Komponenten. Das steigende Ausmaß an Integration und Arbeitsteilung führte dazu, dass die Produktivität und die globale Wettbewerbsfähigkeit des nordamerikanischen Automobilsektors anstiegen. [121] Für die Konsumenten resultierte dies in einer größeren Vielfalt an Produkten zu geringeren Preisen. An dieser Stelle ist anzumerken, dass die Automobilindustrie weltweit stark durch grenzüberschreitende Produktionsketten und eine globale Integration geprägt ist. Durch den hohen Grad an Wettbewerb sind Offshoring und Outsourcing entlang komparativer Kostenvorteile für Automobilhersteller essentiell, um preislich kompetitive Produkte anbieten zu können. Von großer Relevanz ist dabei die räumliche Nähe zwischen Montagewerken und Zuliefererbetrieben, da einige Fahrzeugkomponenten und -systeme fragil oder auch sperrig sind und dadurch hohe Transportkosten verursachen. Weiterhin besteht häufig der Bedarf einer Just-in-Time-Lieferung von Fahrzeugkomponenten. Auch die Entfernung zwischen Produktionsstätten und Absatzmärkten spielt eine entscheidende Rolle bei der Standortwahl.[122]

Die räumliche Nähe der NAFTA-Staaten lieferte in Kombination mit der differenzierten Ressourcenausstattung der Mitgliedsstaaten und der Eliminierung der Handelsbarrieren die Voraussetzung für die Schaffung einer integrierten, wettbewerbsfähigen Automobilbranche in Nordamerika. Aufgrund dieser Vorteile investierten zudem vermehrt Automobilhersteller aus Asien und Europa in die NAFTA-Region, um den nordamerikanischen Markt mittels einer lokalen Produktion in Form von vertikalen Wertschöpfungsketten zu beliefern. Dabei stieg besonders in Mexiko die Zahl der neuen Montagewerke und Fabriken für die Herstellung von Fahrzeugkomponenten.[123] Im Jahr 2016 war Nordamerika der drittgrößte Her-

---

[121] Vgl. *Porter, Eduardo*, Autoworker, 2016, ohne Seitenangabe.
[122] Vgl. *Dziczek, Kristin/Bernard Swiecki*, NAFTA, 2016, S. 1f.
[123] Vgl. *Dziczek, Kristin/Bernard Swiecki*, NAFTA, 2016, S. 2f.

steller von Leichtfahrzeugen sowie der zweitgrößte Hersteller von Fahrzeugteilen.[124] Die gesamte Produktion von Leichtfahrzeugen in Mexiko, Kanada und den USA belief sich auf rund 17,8 Mio. Stück. Der größte Produktions- und Absatzmarkt innerhalb NAFTAs war dabei die USA. Insgesamt 78% der in den USA produzierten Fahrzeuge, d.h. 9,3 Mio. von 12 Mio. Stück, wurden auch in den USA verkauft. In Mexiko hingegen wurden lediglich 19% der insgesamt 3,5 Mio. produzierten Leichtfahrzeuge auch in Mexiko abgesetzt. In Kanada war die Exportabhängigkeit noch höher. Hier wurden lediglich 12% der insgesamt 2,4 Mio. produzierten Leichtfahrzeuge in Kanada selbst verkauft wurden. Sowohl seitens Mexiko als auch seitens Kanada wurden jeweils über 50% ihrer Fahrzeugproduktion in die USA geliefert.[125]

Unabhängig davon, in welchem Land diese Fahrzeuge letztendlich produziert werden, enthalten sie durch die hohe Integration der Produktionsketten dennoch einen hohen Anteil an US- bzw. nordamerikanischer Wertschöpfung. In der Tat ist der Automobilsektor die Industriebranche mit dem höchsten Integrationsgrad in Nordamerika. Einen Hinweis darauf lieferte bereits die Darstellung des Ausmaßes an intra-Firmenhandel in Kapitel 5.1. Fahrzeugteile und Komponenten, die in einem der NAFTA-Staaten produziert werden, überqueren bis zu acht Mal eine Staatsgrenze innerhalb der NAFTA-Region, bevor sie zu einem fertigen Produkt montiert werden.[126] Eine Studie von Gortari aus dem Jahr 2017 ergab, dass die US-Wertschöpfung in mexikanischen Fahrzeugexporten in die USA im Jahr 2014 insgesamt 38% betrug. Den Anteil der mexikanischen Wertschöpfung an diesen Exporten schätzt er auf 37%. Weiterhin konnte der Autor aufzeigen, dass die US-Wertschöpfungsanteile in der mexikanischen Fahrzeugproduktion stark davon abhängen, in welchen Absatzmarkt die Fahrzeuge exportiert werden. So betrug der US-Anteil am ausländischen Materialeinsatz in der mexikanischen Fahrzeug-produktion insgesamt 74%, sofern die Fahrzeuge in den US-amerikanischen Markt exportiert wurden. Im Falle von Exporten außerhalb der NAFTA-Region lag der Anteil an US-amerikanischen Inputs bei 18%.[127] Dies lässt sich auf die unter 4.2 erläuterten Ursprungsregeln zurückführen. Um Fahrzeuge innerhalb der NAFTA-Region zollfrei zu exportieren, muss der nordamerikanische Wertschöpfungsanteil nach der

---

[124] Vgl. *Dziczek, Kristin/Schultz, Michael/Chen, Yen/Swiecki, Bernard*, Review, 2018, S. 1.
[125] Vgl. *Dziczek, Kristin/Bernard Swiecki*, NAFTA, 2016, S. 3-5.
[126] Vgl. *Wilson, Christopher*, Economic, 2017, S. 7.
[127] Vgl. *Gortari, Alonso*, Value, 2017, S. 3, 31f.

Nettokostenmethode 62,5% entsprechen. Berechnungen des mexikanischen Automobilverbands (AMIA) kamen bezüglich des US-Wertschöpfungsanteils zu ähnlichen Ergebnissen wie Gortari. Laut AMIA lag der Anteil der US-amerikanischen Wertschöpfung an den Fahrzeugimporten aus Mexiko im Jahr 2016 zwischen 37% und 39,5%. Den Anteil der US-Wertschöpfung an kanadischen Fahrzeugimporten schätzt der Verband auf 48%-52%.[128]

Im Folgenden soll dargestellt werden, wie hoch der gesamte nordamerikanische Wertschöpfungsanteil in Fahrzeugen ist, die am US-amerikanischen Markt abgesetzt werden und deren Montage jeweils in Mexiko, Kanada oder den USA durchgeführt wird. Dafür werden die Daten einer Studie aus dem Jahr 2017 hinzugezogen. Die Studie bezieht sich bei ihren Berechnungen auf die Produktionszahlen der einzelnen Fahrzeugmodelle in den NAFTA-Staaten sowie auf Daten der National Highway Traffic Safety Administration (NHTSA).[129] Die Ergebnisse der Studie werden in dem folgenden Säulendiagramm dargestellt.

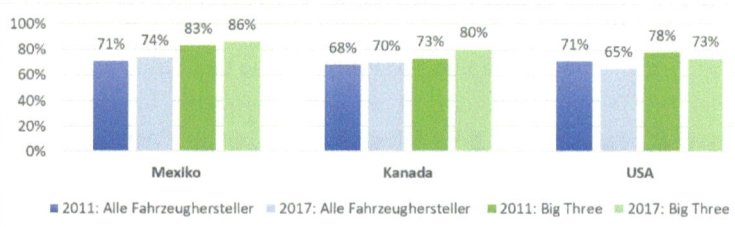

Abb. 4: Der Anteil der wichtigsten US-Handelspartner am Handel mit Fahrzeugen und Fahrzeugteilen, 1993 vs. 2016
(Quelle: Eigene Darstellung in Anlehnung an Scotiabank, Changes, 2017, S. 7f.)

Die Säulen geben jeweils den gewichteten Durchschnitt der nordamerikanischen Wertschöpfung an. Zudem erfolgt eine separate Darstellung für die Modelle der US-amerikanischen „Big Three" General Motors, Ford und Chrysler. Es wird deutlich, dass im Falle der importierten Fahrzeugmodelle aus Mexiko der Wertschöpfungsanteil sowohl für die Modelle aller Fahrzeughersteller als auch für die der „Big

---

[128] Vgl. *AMAI* (zitiert nach *Scotiabank Economics*, Changes, 2017, S. 6.).
[129] Die NHTSA setzt voraus, dass für alle Fahrzeuge, die in den USA abgesetzt werden, folgende Daten angegeben werden müssen: Die Summe der kanadischen und US-amerikanischen Wertschöpfung, das Herkunftsland des Motors und des Getriebes sowie das Land der finalen Montage. In diesen Daten werden die mexikanischen Wertschöpfungsanteile angezeigt, sofern sie höher sind als 15%. Daher kann es bei den Daten möglicherweise zu einer Unterschätzung der mexikanischen Wertschöpfungsanteile kommen.

Three" um jeweils 3% gestiegen ist. Für Fahrzeugimporte aus Kanada ergibt sich ein ähnliches Bild. Besonders seitens der US-amerikanischen Fahrzeugmodelle ist ein starker Anstieg von 7% zu verzeichnen. Diese Zahlen verdeutlichen eine stärkere Integration und Verflechtung der Wertschöpfungsketten innerhalb des Integrationsraums. Im Falle der Fahrzeuge, die in den USA montiert wurden, ergibt sich ein anderes Ergebnis, da die nordamerikanischen Wertschöpfungsanteile zwischen 2011 und 2017 gefallen sind. Dabei fiel der Rückgang bei den Fahrzeugmodellen der US-Firmen geringer aus als bei den Modellen aller Fahrzeughersteller. Als möglichen Grund für den Rückgang im US-Markt werden in der Studie die geringen Meistbegünstigungszölle der USA von durchschnittlich 2,5% auf Fahrzeugteile aus Drittstaaten genannt.[130] Diese Zölle werden auf Importe aus Mitgliedsstaaten der WTO erhoben.[131] Sofern die Kosten für die Einhaltung der NAFTA-Ursprungsregeln höher sind als die Zölle inklusive anfallender Transportkosten, tendieren Firmen dazu, die Komponenten eher aus Drittstaaten zu importieren statt sie innerhalb der Integrationszone zu beschaffen. Als weiterer Grund wird der steigende Marktanteil ausländischer Fahrzeughersteller genannt. Im Jahr 2011 wurden insgesamt 110 Fahrzeugmodelle in den USA montiert, wobei der Anteil der ausländischen Firmen 45% betrug. Im Jahr 2017 waren es 130 Fahrzeugmodelle, von denen insgesamt 60% von ausländischen Firmen produziert wurden. Aufgrund globaler Wertschöpfungsketten und Unterschieden in den Fahrzeugdesigns tendieren ausländische Firmen möglicherweise eher dazu, Fahrzeugkomponenten aus Drittstaaten über den relativ geringen Zoll zu importieren.[132]

Es sei anzumerken, dass die genannten Daten zu den Wertschöpfungsanteilen nicht nach der Nettokostenmethode berechnet wurden, die zu Zwecken der Präferenzbehandlung unter den Ursprungsregeln verwendet wird. Dennoch liefern die Daten einen Anhaltspunkt für das Ausmaß an Integration in Form vertikaler Wertschöpfungsketten. Tatsächlich wurden im Jahr 2017 insgesamt 99,8% der Fahrzeugimporte aus Mexiko und 98,4% der Fahrzeugimporte aus Kanada mittels der Präferenzbehandlung unter NAFTA importiert, d.h. sie erfüllten die Vorgabe für den nordamerikanischen Wertschöpfungsanteil von 62,5%. Im Falle von Fahrzeugkomponenten ergibt sich ein anderes Bild. Insgesamt 23,1% der importierten Kompo-

---

[130] Vgl. *Scotiabank Economics*, Changes, 2017, S. 8.
[131] Vgl. *Villareal, M. Angeles/Fergusson, Ian F.*, Agreement, 2017, S. 27.
[132] Vgl. *Scotiabank Economics*, Changes, 2017, S. 7f.

nenten aus Mexiko und 15,7% der Komponenten aus Kanada wurden nicht unter den NAFTA-Präferenzen eingeführt, sondern über den Meistbegünstigungszoll von durchschnittlich 2,5% und erfüllten somit nicht dem vorgeschriebenen nordamerikanischen Wertschöpfungsanteil.[133] Besonders im Falle günstiger Inputgüter tendieren Firmen möglicherweise dazu, diese aus Drittstaaten zu importieren anstatt die Kosten für die Einhaltung der Ursprungsregeln und dem damit verbundenen Aufwand auf sich zu nehmen.

Gegner des Freihandelsabkommens in den USA sehen NAFTA als den Hauptgrund für die Beschäftigungsreduzierung in der US-Automobilindustrie der letzten Jahrzehnte. Sie sind der Meinung, dass die geringeren Löhne in Mexiko die Industrie in den Nachbarstaat verlagert hätten. Zwischen den Jahren 1994 und 2013 ist die Anzahl der Beschäftigten in der Automobilbranche von knapp 1,2 Mio. auf rund 820 Tausend gesunken. Dabei traf es besonders die nordöstlichen US-Bundesstaaten, in denen die Automobilindustrie hauptsächlich angesiedelt war.[134] Ähnlich wie unter 5.1 ist dies jedoch nicht gänzlich auf den Handelsanstieg in Folge von NAFTA zurückzuführen. Auch im Automobilsektor spielten der technologische Fortschritt und die Automatisierung eine entscheidende Rolle. So ist die Beschäftigung zwar gesunken, jedoch stieg die Arbeitsproduktivität in der US-Automobilbranche zwischen 1994 und 2013 um rund 41%.[135] Zudem wurde anhand der Darstellung der Wertschöpfungsketten deutlich, dass durch die Arbeitsteilung entlang komparativer Vorteile innerhalb der NAFTA-Region die globale Wettbewerbsfähigkeit der US-Automobilbranche gesteigert werden konnte. Ohne diese Integration wäre es für die US-Automobilindustrie wesentlich schwieriger gewesen, gegen die wachsende Konkurrenz, wie bspw. aus Asien, zu bestehen.[136] Weiterhin steigt die Beschäftigung in der Automobilindustrie seit der Wirtschaftskrise im Jahr 2008 um jährlich 6%. Dieses Wachstum ist um das Fünffache höher als im gesamten US-Produktionssektor. Der Anteil der Beschäftigung der Automobilindustrie am gesamten Produktionssektor in den USA ist von knapp 6,5% vor der NAFTA-Gründung auf mittlerweile rund 8% gestiegen.[137]

---

[133] Vgl. *Dziczek, Kristin/Schultz, Michael/Chen, Yen/Swiecki, Bernard*, Review, 2018, S. 5.
[134] Vgl. *Porter, Eduardo*, Autoworker, 2016, ohne Seitenangabe.
[135] Vgl. *Hufbauer, Gary Clyde/Cimino, Cathleen/Moran, Tyler*, Misleading, 2014, S. 9.
[136] Vgl. *Porter, Eduardo*, Autoworker, 2016, ohne Seitenangabe.
[137] Vgl. *Scotiabank Economics*, Changes, 2017, S. 2

6 Kritische Betrachtung des neuen Freihandelsabkommens USMCA

Wie bereits in der Einleitung erläutert, leitete Donald Trump im Mai letzten Jahres die Neuverhandlungen zu NAFTA ein, da er die USA durch das Abkommen benachteiligt sah. Weiterhin drohte er mehrfach mit dem Austritt der USA.[138]

Am 01. Oktober einigten sich die Parteien schließlich auf das neue Freihandels-abkommen USMCA, welches NAFTA im Laufe des kommenden Jahres offiziell ablösen soll, sofern die nationalen Parlamente der drei Mitgliedsstaaten nach einer Ratifizierung zustimmen.[139] Im Folgenden werden die wichtigsten Neuerungen, mit Fokus auf den Änderungen im Automobilsektor, näher erläutert. In dem neuen Abkommen wird der zollfreie Güteraustausch innerhalb der Integrationszone wie bisher beibehalten. Jedoch ist das neue Abkommen auf eine Laufzeit von zunächst 16 Jahren befristet. Zusätzlich sollen die Regierungen der Mitgliedsstaaten alle sechs Jahre eine Überprüfung des Abkommens durchführen, um zu entscheiden, ob es weiterhin fortgesetzt werden soll. Trump hatte in den Verhandlungen gefordert, eine Befristungsklausel von fünf Jahren einzuführen. Dies hätte für Unternehmen in der NAFTA-Region einen hohen Unsicherheitsfaktor dargestellt.[140]

Die größten Änderungen finden sich im Automobilsektor wieder. So werden strengere Ursprungsregeln festgelegt, die bis zum Jahr 2023 stufenweise auf das neue Niveau angehoben werden sollen. Um künftig Automobile zollfrei innerhalb der Integrationszone zu exportieren, muss der nordamerikanische Wertschöpfungsanteil nicht mehr 62,5%, sondern 75% betragen. Auch für Fahrzeugkomponenten werden die bisherigen „local content" Vorschriften von 50%-60% auf 65%-75% angehoben. Dies hat den Zweck, den Anteil der importierten Komponenten aus Drittstaaten zu reduzieren und stattdessen die Verwendung nordamerikanischer Komponenten zu fördern. Weiterhin müssen künftig 40% der Wertschöpfung eines Fahrzeugs von Arbeitnehmern stammen, die einen Stundenlohn von mindestens 16 US-Dollar aufweisen. Im Falle von Trucks liegt dieser Anteil bei 45%.[141] Während die durchschnittlichen Löhne in der Automobilindustrie der USA und Kanadas

---

[138] Vgl. *Süddeutsche Zeitung*, Freihandelsabkommen, 2018, ohne Seitenangabe.
[139] Vgl. *Scotiabank Economics*, USMCA, 2018, S. 1.
[140] Vgl. *Hufbauer, Gary/Globerman, Steven*, Outlook, 2018, S. 7.
[141] Vgl. *Scotiabank Economics*, USMCA, 2018, S. 2.

über dieser Vorgabe liegen, ist der durchschnittliche Lohn eines mexikanischen Arbeiters deutlich geringer. Im Jahr 2017 betrug der durchschnittliche Stundenlohn eines Arbeiters in der Fahrzeugmontage rund 7,3 US-Dollar und im Bereich von Fahrzeugkomponenten 3,4 US-Dollar.[142] Dieses Kriterium unterschlägt Mexikos komparativen Kostenvorteil und soll Fahrzeughersteller einen Anreiz bieten, die Produktion und Montage von Fahrzeugkomponenten in den USA und Kanada zu erhöhen. Die USA erhoffen sich davon eine Förderung des Beschäftigungslevels. Eine weitere neue Maßnahme betrifft die Herkunft des verwendeten Stahls und Aluminiums in der Automobilproduktion. So müssen 70% des Stahls und Aluminiums aus der Integrationszone bezogen werden. Dennoch bleiben die US-Zölle auf Stahl und Aluminiumeinfuhren aus Mexiko und Kanada zunächst bestehen, welche die US-Regierung Anfang des Jahres verhängte. Außerdem hatte Trump den beiden Handelspartnern ein zollfreies Kontingent von jeweils 2,6 Mio. Fahrzeugen zugesprochen, sollte er, wie angekündigt, aus Gründen der nationalen Sicherheit einen Zoll von 25% auf weltweite Automobilimporte erheben. Im Jahr 2017 lagen die Automobilimporte aus Mexiko und Kanada bei jeweils rund 1,8 Mio. Fahrzeugen, wodurch nicht erwartet wird, dass dieses Kontingent in den nächsten Jahren überschritten wird. Darüber hinaus wurde ein zollfreies Kontingent für Importe von Fahrzeugteilen aus Mexiko in Höhe von 108 Mrd. US-Dollar vereinbart. Im Falle Kanadas liegt das Kontingent bei 32,4 Mrd. US-Dollar. Auch im Falle der Fahrzeugteile lagen die Importe aus den beiden Ländern im Jahr 2017 weit unterhalb des Kontingents.[143]

Fraglich ist, ob diese Maßnahmen zu einer Erhöhung der nordamerikanischen Wertschöpfung im Automobilsektor führen und ob die von Trump erhoffte Förderung des US-amerikanischen Automobilsektors tatsächlich eintritt. Laut einer Studie des Center for Automotive Research (CAR) erfüllen derzeit zwischen 22 und 40 Fahrzeugmodelle, die aus Mexiko oder Kanada in die USA exportiert werden, nicht die neuen Anforderungen. Diese Modelle machten im Jahr 2017 einen Anteil zwischen 13% und 24% an dem gesamten Fahrzeugabsatz in den USA aus. Einerseits könnten sich die Automobilhersteller und Zuliefererbetriebe dazu entscheiden, ihre Produktionsketten neu aufzubauen oder auch ihre Produktion von Mexiko in die USA oder nach Kanada zu verlagern, um weiterhin von den NAFTA-Präferenzen

---

[142] Vgl. *Dziczek, Kristin/Schultz, Michael/Chen, Yen/Swiecki, Bernard*, Review, 2018, S. 4.
[143] Vgl. *Scotiabank Economics*, USMCA, 2018, S. 1f.

zu profitieren. Weiterhin könnten sie die Löhne der mexikanischen Arbeiter anheben, um die Lohnvorgaben zu erfüllen.[144] Durch die mögliche Restrukturierung der Produktionsprozesse können sich auf kurze Sicht zwar positive Effekte für die US-amerikanische Wirtschaft ergeben, jedoch erhöhen sich gleichzeitig auch die Produktionskosten, welche die Wettbewerbsposition des nordamerikanischen Automobilsektors auf lange Sicht verschlechtern. Im Ergebnis könnte sich also die Gesamtproduktion innerhalb der Integrationszone verringern, was zu Beschäftigungsrückgängen und höheren Fahrzeugpreisen für Konsumenten führen könnte. Andererseits ist es jedoch möglich, dass sich Automobilhersteller dazu entscheiden, den US-Zoll von 2,5% auf Importwagen und –komponenten zu zahlen, anstatt die Ursprungsregeln und Lohnvorgaben zu erfüllen. Wie im vorigen Kapitel dargestellt, werden bereits 23,1% bzw. 15,7% der Komponenten aus Mexiko und Kanada nicht über die NAFTA-Präferenzen importiert. Hersteller müssen zwischen den Kosten für die Einhaltung der Vorgaben und den Vorteilen aus der Zollfreiheit abwägen. Höhere Ursprungsregeln verursachen für Unternehmen auch mehr administrativen Aufwand und höhere Kosten, die eventuell die Vorteile der Präferenzbehandlung übertreffen. Die zuvor genannte Studie von CAR schätzt die zusätzlichen Kosten für die Fahrzeugmodelle, die nicht den neuen Vorgaben entsprechen, auf 470-2.200 US-Dollar, sollten sich die Fahrzeughersteller dazu entscheiden, den US-Zoll von 2,5% auf Fahrzeugimporte zu zahlen. Weiterhin kommt die Studie zu dem Schluss, dass der Fahrzeugabsatz in den USA zwischen 60.000 und 150.000 Stück zurückgehen könnte, sofern die gezahlten Zölle komplett auf die Produktpreise abgewälzt werden. Außerdem könnte sich der nordamerikanische Wertschöpfungsanteil an diesen Fahrzeugimporten weiter verringern, da die Hersteller vermehrt kostengünstigere Inputgüter aus Drittstaaten in der Produktion verwenden würden, wenn sie nicht mehr an die Einhaltung der Ursprungsregeln gebunden wären.[145]

So oder so lässt sich jedoch vermuten, dass beide Varianten die Wettbewerbsfähigkeit des nordamerikanischen Automobilsektors verringern und dass am Ende Nachteile für die Mitgliedsstaaten entstehen. Weiterhin haben die neuen Maßnahmen auch Effekte auf die US-Exporte von Fahrzeugen und Fahrzeugkomponenten nach Mexiko und Kanada. Sollten diese Fahrzeuge und Komponenten die Ursprungsregeln und Lohnvorgaben nicht erfüllen, müssten die Autohersteller die

---

[144] Vgl. *Dziczek, Kristin/Schultz, Michael/Chen, Yen/Swiecki, Bernard*, Review, 2018, S. 10.
[145] Vgl. Ebd., S. 10.

mexikanischen und kanadischen Meistbegünstigungszölle zahlen. Diese liegen in Mexiko bei 20% für Fahrzeuge und 2,7% für Komponenten. Im Falle Kanadas liegen diese Zölle bei 6,1%. Folglich würden sich die Güterpreise erhöhen und die Nachfrage nach US-amerikanischen Autos würde sinken. Zudem könnten sich die aufgrund grenzüberschreitender Wertschöpfungsketten die Produktionskosten in den USA erhöhen, wodurch die US-Exporte global weniger kompetitiv wären.[146]

Donald Trump verfolgt mit dem neuen Abkommen zusätzlich das Ziel, die für ihn als unfair wahrgenommenen Handelsbilanzdefizite der USA gegenüber Mexiko und Kanada zu verringern.[147] Handelsbilanzdefizite sind jedoch Ausdruck makroökonomischer, inländischer Größen und spiegeln das Verhältnis von nationalen Ausgaben und Ersparnissen wider. Um folglich das Handelsbilanzdefizit zu verringern, müssten die USA ihre Sparquote erhöhen oder die Investitionsquote senken. Handelsverträge sollen die Handelskosten reduzieren sowie den Freihandel stärker und stellen nicht das geeignete Mittel dar, um dem Ungleichgewicht in der heimischen Wirtschaftstätigkeit entgegenzuwirken. Zudem ist anzumerken, dass die Handelsbilanzdefizite der USA gegenüber Ländern, mit denen keine Freihandelsabkommen vorliegen, in den letzten Jahrzehnten bedeutend stärker gestiegen sind. Somit ist die Behauptung nicht korrekt, dass Freihandelsabkommen wie NAFTA in den letzten Jahren zu einem stärkeren Wachstum des US-Handelsbilanzdefizits führten.[148] Weiterhin wurde in der Analyse unter 5.1 deutlich, dass einzelne Warenkategorien und Dienstleistungen sehr unterschiedlich zum US-Handelsbilanzdefizit beitragen, wodurch die reine Betrachtung aggregierter bilateraler Handelssalden irreführend sein kann.

---

[146] Vgl. Ebd., S. 9.
[147] Vgl. *Frenkel, Michael/Walter, Benedikt*, Neuverhandlung, 2018, S. 109.
[148] Vgl. *Hufbauer, Gary Clyde/Cimino, Cathleen/Moran, Tyler*, Misleading, 2014, S. 18-20.

7 Fazit

Im Jahr 1994 stellte NAFTA einen Präzedenzfall dar, da es sich um das erste Freihandelsabkommen zwischen zwei Industrienationen und einem Entwicklungsland handelte. Der Handel zwischen den USA und Kanada war in Folge des Autopakts sowie des Freihandelsabkommens CUSFTA aus dem Jahr 1989 bereits weitreichend liberalisiert und integriert. Einzig auf Seiten Mexikos bestanden noch hohe Handelsbarrieren, da die Regierung bis Mitte der 80er-Jahre eine stark protektionistische Handelsstrategie verfolgte. Jedoch hatte bereits vor der Gründung NAFTAs im Zuge des Zollprogramms GPS und des Maquiladora-Programms eine gewisse Handelsliberalisierung und Integration zwischen den USA und Mexiko stattgefunden. Mit der Gründung des Freihandelsabkommens erhofften sich die Staaten eine stärkere Wettbewerbsposition des nordamerikanischen Handelsraums als Gegengewicht zur aufstrebenden Konkurrenz aus Asien und Europa. Für die USA bedeutete NAFTA in Bezug auf Mexiko insbesondere die Möglichkeit der Ausweitung von Exporten und Investitionen in einen stark wachsenden Markt mit günstigen Produktionsbedingungen. Der trilaterale Handelsvertrag ging weit über die reinen Bestimmungen zu Zollsenkungen hinaus und enthielt bspw. umfassende Maßnahmen für den Dienstleistungshandel, den Abbau nicht-tarifärer Handelshemmnisse, sowie für ADI.

In der Analyse der Handelsentwicklung wurde deutlich, dass besonders zwischen den USA und Mexiko der Handel seit der Gründung NAFTAs überproportional gewachsen ist, wodurch Mexiko als US-Handelspartner stark an Bedeutung gewonnen hat. Die Handelsentwicklung mit Kanada hingegen, ist im Vergleich zum gesamten Außenhandel der USA weniger stark gestiegen. Weiterhin ist der Güteraustausch mit den NAFTA-Staaten stark intra-industriell geprägt und konzentriert sich auf nur wenige Gütergruppen. Von besonderer Relevanz ist das hohe Ausmaß an vertikalem intra-industriellen Handel. In der Analyse wurde deutlich, dass die Integration der Mitgliedsstaaten in Form grenzüberschreitender Wertschöpfungsketten seit der Gründung NAFTAs zugenommen hat. So stiegen die ADI innerhalb des Integrationsraums an, insbesondere im Industriesektor. Im Falle Mexikos erhöhte sich außerdem das Ausmaß an intra-Firmenhandel auf Seiten der US-Importe. Zudem wurde eine Erhöhung des Ausmaßes an gehandelten Vorleistungsgütern ersichtlich. Dabei bestätigte sich die Beobachtung, dass Mexiko Kanada als wichtigsten US-Handelspartner innerhalb der NAFTA-Region abgelöst hat. Der hohe Integrationsgrad zwischen den USA und den Vertragspartnern zeigte sich ebenfalls an dem hohen Anteil an US-Wertschöpfung in den Importen aus Mexiko und Kanada. Aufgrund der Tatsache, dass auch externe Faktoren bzw. globale Ereignisse die Handelsentwicklung beeinflussen, ist es nicht möglich, die Effekte NAFTAs exakt zu quantifizieren, jedoch lässt sich sagen, dass mit Hilfe des Freihandelsabkommens die Rahmenbedingungen für eine stärkere Integration innerhalb Nordamerikas geschaffen wurden.

In Bezug auf die Beschäftigung und die Einkommensverteilung zeigte sich, dass NAFTA keinen signifikanten Einfluss auf die Entwicklung in den USA hatte, da der Handel mit den Vertragsstaaten im Verhältnis zu der Größe und Dynamik des US-Arbeitsmarktes lediglich eine untergeordnete Rolle spielt. Demnach war das Ausmaß der erwarteten Effekte gemäß der klassischen Außenhandelstheoreme nach Heckscher-Ohlin und Stolper-Samuelson gering. Bei der Betrachtung der Wohlfahrtseffekte NAFTAs zeigten sich ebenfalls keine signifikanten Auswirkungen des Freihandelsabkommens, da der NAFTA-Handel, gemessen am BIP der USA nur einen geringen Teil ausmacht. Die Mehrheit der Studien kommt zu dem Schluss, dass die US-Wohlfahrt marginal positiv beeinflusst wurde und dass die handelsschaffenden Effekte durch NAFTA überwiegen. In Bezug auf den Automobilsektor wurde ersichtlich, dass NAFTA einen entscheidenden Beitrag zur steigenden Integration in Form von grenzüberschreitenden Wertschöpfungsketten leistete. Das hohe Ausmaß an Arbeitsteilung in den Produktions- und Lieferketten entlang komparativer Vorteile zeigte sich besonders in den Anteilen der nordamerikanischen Wertschöpfung. Aufgrund der räumlichen Nähe der Partnerstaaten, der differenzierten Ressourcenausstattung, sowie der Eliminierung der Handelsbarrieren, konnte die Wettbewerbsposition des nordamerikanischen Automobilsektors gesteigert werden. Dabei spielte Mexiko aufgrund der hohen Ausstattung an relativ geringqualifizierter und -entlohnter Arbeit eine entscheidende Rolle.

Es bleibt abzuwarten, welche Wirkung das neu verhandelte Abkommen USMCA auf die Mitgliedsstaaten haben wird, sofern die Regierungen dem Vertrag nach einer Ratifizierung zustimmen. In Bezug auf den Automobilsektor lässt sich jedoch vermuten, dass die erhofften Effekte einer gestiegenen nordamerikanischen Wertschöpfung sowie einer Stärkung des Sektors in den USA ausbleiben könnten, da die aufgebauten, grenzüberschreitenden Wertschöpfungsketten unterbrochen werden und folglich die Produktionskosten steigen können. Darüber hinaus ist nicht zu erwarten, dass sich das US-Handelsbilanzdefizit gegenüber Mexiko und Kanada in Folge des neuen Abkommens verringern wird. Handelsverträge wirken lediglich auf die Kosten und Preise des Handels ein und haben somit keinen direkten Einfluss auf die makroökonomischen Größen der Spar- und Investitionsquote. Sowohl zu der Gründungszeit NAFTAs als auch aktuell, ist das Freihandelsabkommen Gegenstand intensiver Diskussionen, bei der die Meinungen der Befürworter und der Gegner weit auseinandergehen. In der vorliegenden Analyse wurde jedoch deutlich, dass weder die Befürchtungen der Kritiker noch die Hoffnungen der Befürworter NAFTAs tatsächlich eingetroffen sind. Die anfangs erläuterten Theorien des Außenhandels verdeutlichten, dass es im Falle des Freihandels immer Gewinner und Verlierer gibt. Insgesamt gesehen, ist das Fazit der vorliegenden Analyse, dass der Nettoeffekt NAFTAs, wenn auch nur moderat, positiv ist. Insbesondere im Automobilsektor führte die Integration innerhalb der Integrations-zone zu positiven Effekten für die globale US-amerikanische Wettbewerbsfähigkeit.

Literatur- und Quellenverzeichnis

Blank, Jürgen E./Clausen, Hartmut/Wacker, Holger [Integration, 1998]: Internationale ökonomische Integration – Von der Freihandelszone zur Wirtschafts- und Währungsunion, München: Vahlen, 1998

Bleuel, Hans-Hubertus [Management, 2017]: Internationales Management: Grundlagen, Umfeld und Entscheidungen, Stuttgart: Kohlhammer, 2017

Bergsten, Fred/de Bolle, Monica [Path, 2017]: A Path Forward for NAFTA, Washington, DC: Peterson Institute for International Economics, 2017

Caliendo, Lorenzo/Parro, Fernando [Effects, 2015]: Estimates of the Trade and Welfare Effects of NAFTA, in: The Review of Economic Studies, Jg. 82, Nr. 1, S. 1-44, abrufbar unter: https://doi.org/10.1093/restud/rdu035 [abgerufen am 22.11.2018]

De Gortari, Alonso [Value, 2017]: Disentangling Global Value Chains, Harvard Universität, 2017, abrufbar unter: https://www.wto.org/english/news_e/news18_e/agortaripaper.pdf [abgerufen am 22.11.2018]

Dziczek, Kristin/Bernard Swiecki [NAFTA, 2016]: NAFTA Briefing: Trade benefits to the automotive industry and potential consequences of withdrawal from the agreement, Center for Automotive Research, 2016, abrufbar unter: https://www.cargroup.org/wp-content/uploads/2017/01/nafta_briefing_january_2017_public_version-final.pdf [abgerufen am 22.11.2018]

Dziczek, Kristin/Schultz, Michael/Chen, Yen/Swiecki, Bernard [Review, 2018]: NAFTA Briefing: Review of current NAFTA proposals and potential impacts on the North American automotive industry, Center for Automotive Research, 2018, abrufbar unter: https://www.cargroup.org/wp-content/uploads/2018/04/nafta_briefing_april_2018_public_version-final.pdf [abgerufen am 22.11.2018]

Diekmann, Berend/van Dyken, Katrin [NAFTA, 2018]: Die NAFTA-Verhandlungen – Wohin steuert die US-Handelspolitik?, in: Wirtschaftsdienst, Jg. 98, Nr. 2, S. 100-107, abrufbar unter: https://archiv.wirtschaftsdienst.eu/jahr/2018/2/die-nafta-verhandlungen-wohin-steuert-die-us-handelspolitik/ [abgerufen am 22.11.2018]

Dieter, Heribert [Ursprungsregeln, 2004]: Ursprungsregeln in Freihandelszonen – Protektionismus durch die Hintertür, SWP-Studie 2004/S09, Stiftung Wissenschaft und Politik, Berlin, 2004, abrufbar unter https://www.swp-berlin.org/fileadmin/contents/products/studien/2004_S09_dtr_ks.pdf [abgerufen am 29.10.2018]

Frenkel, Michael/Walter, Benedikt [Neuverhandlung, 2018]: Was für und was gegen die Neuverhandlung des NAFTA spricht, in: Wirtschaftsdienst, Jg. 98, Nr. 2, S. 108-114, abrufbar unter: https://archiv.wirtschaftsdienst.eu/jahr/2018/2/was-fuer-und-was-gegen-die-neuverhandlung-des-nafta-spricht/ [abgerufen am 22.11.2018]

Gerber, James [International, 2017]: International Economics, 7. Auflage, Harlow: Pearson, 2017

Green, Russell A./Payan, Tony [United, 2017]: Was NAFTA good for the United States?, Working Paper, James A. Baker Institute for Public Policy, 2017, abrufbar unter: https://www.bakerinstitute.org/media/files/files/e7509ea8/BI-pub-NAFTA-062317.pdf [abgerufen am 11.11.2018]

Haas, Hans-Dieter [Wirtschaft, 2006]: Internationale Wirtschaft, München: R. Oldenbourg Verlag, 2006

Hicks, Micheal/Devaraj, Srikant [Myth, 2017]: The Myth and the Reality of Manufacturing in America, Report der Ball State University, Center for Business and Economic Research, 2017, abrufbar unter: https://conexus.cberdata.org/files/MfgReality.pdf [abgerufen am 22.11.2018]

Hillberry,Russell/McDaniel, Christine [Decomposition, 2002]: A Decomposition of North American Trade Growth since NAFTA, USITC Working Paper, Nr. 2002-12-A, 2002, abrufbar unter: https://www.usitc.gov/publications/ier/pub3527.pdf [abgerufen am 10.11.2018]

Hufbauer, Gary Clyde/Schott. Jeffrey J. [Assessment, 1993]: NAFTA: An Assessment, Washington, DC: Peterson Institute for International Economics, 1993

Hufbauer, Gary Clyde/Schott. Jeffrey J. [achievements, 2005]: NAFTA revisited: achievements and challenges, Washington, DC: Peterson Institute for International Economics, 2005

Hufbauer, Gary Clyde/Cimino, Cathleen/Moran, Tyler [Misleading, 2014]: NAFTA at 20: Misleading Charges and Positive Achievements, Policy Brief PB14-13, Peterson Institute for International Economics, 2014, abrufbar unter: https://piie.com/publications/pb/pb14-13.pdf [abgerufen am 05.11.2018]

Hufbauer, Gary/Globerman Steven [Overview, 2018]: The United States–Mexico–Canada Agreement: Overview and Outlook, Fraser Research Bulletin, Frazer Institut, 2018, abrufbar unter: https://www.fraserinstitute.org/sites/default/files/us-mexico-canada-agreement-overview.pdf [abgerufen am 22.11.2018]

Khachaturian, Tamar/Riker, David [Agreements, 2016]: Economic Impact of Trade Agreements Implemented Under Trade Authorities Procedures, USITC Publikation Nr. 4614, 2016, abrufbar unter: https://www.usitc.gov/publications/332/pub4614_old.pdf [abgerufen am 22.11.2018]

Koopman, Robert/Power, Williams/Wang, Zhi/Wie, Shang-Jin [Exports, 2010]: Give Credit Where Credit Is Due: Tracing Value Added In Global Production Chains, NBER Arbeitspapier Nr. 16426, 2010, abrufbar unter: https://www.nber.org/papers/w16426.pdf [abgerufen am 09.11.2018]

Krugman, Paul R./Obstfeld, Maurice/Melitz, Marc J. [Economics, 2015]: International Economics – Theory and Policy, 10. Auflage, Harlow: Pearson, 2015

Langhammer, Rolf, J. [Effekte, 1980]: Effekte der Handelsschaffung und Handelsumlenkung, in: Wirtschaftswissenschaftliches Studium, Jg. 9, Nr. 2, S. 75-76, abrufbar unter: http://hdl.handle.net/10419/3691 [abgerufen am 05.11.2018]

Mankiw, Gregory N./Taylor, Mark P. [Grundzüge, 2018]: Grundzüge der Volkswirtschaftslehre, 7. Auflage, Stuttgart: Schäffer-Poeschel, 2018

McLaren, John/Hakobyan, Shushanik [Labor, 2012]: Looking for Local Labor-Market Effects of the NAFTA, Universität von Virginia, 05.07.2012, abrufbar unter: http://people.virginia.edu/~jem6x/hakobyan%20mclaren%20nafta%20070512.pdf [abgerufen am 22.11.2018]

Moran, Theodore H./Oldenski, Lindsay [Mexiko, 2016]: How US Investments in Mexico Have Increased Investment and Jobs at Home, in: NAFTA 20 Years Later, Policy Brief PB14-3, Peterson Institute for International Economics, abrufbar unter https://piie.com/sites/default/files/publications/briefings/piieb14-3.pdf [abgerufen am 22.11.2018]

Neumair, Simon-Martin [Außenhandel, 2006]: Theorie des Außenhandels, in: Hans-Dieter Haas (Hrsg.), Internationale Wirtschaft, 2006, S. 187-214

Parilla, Joseph, [Supply, 2017]: How US states rely on the NAFTA supply chain, Brookings Institution, 30.05.2017, abrufbar unter: https://www.brookings.edu/blog/the-avenue/2017/03/30/how-u-s-states-rely-on-the-nafta-supply-chain/ [abgerufen am 22.11.2018]

Poon, Jessie/Rigby, David L. [Basics, 2017]: International Trade: The Basics, London: Taylor & Francis, 2017

Porter, Eduardo [Autoworker, 2016]: Nafta May Have Saved Many Autoworkers' Jobs, New York Times, Rubrik Wirtschaft, 29.03.2016, abrufbar unter: https://www.nytimes.com/2016/03/30/business/economy/nafta-may-have-saved-many-autoworkers-jobs.html?_r=0 [abgerufen am 22.11.2018]

Proff, Harald V., [Freihandelszonen, 1994]: Freihandelszonen in Nordamerika, Wiesbaden: Gabler, 1994.

Reinert, Kenneth A. [Introduction, 2012]: An Introduction to International Economics – New Perspectives on the World Economy, 2. Auflage, New York: Cambridge University Press, 2012

Rimmer, Maureen/Peter Dixon [NAFTA, 2015]: Identifying the effects of NAFTA on the U.S. economy between 1992 and 1998: a decomposition analysis, Conference Paper, Viktoria Universität Melbourne, 2015, abrufbar unter: https://www.gtap.agecon.purdue.edu/resources/download/7345.pdf [abgerufen am 11.11.2018]

Romalis, John [Impact, 2007]: NAFTA's and CUSFTA's Impact on International Trade, in: Review of Economics and Statistics, Jg. 89, Nr. 2, S. 416-435

Schott, Jeffrey J./Cimino-Isaacs, Cathleen [Updating, 2017]: Updating the North American Free Trade Agreement, in: Bergsten, Fred/de Bolle, Monica (Hrsg.), A Path Forward for NAFTA, 2017, S. 69-90, abrufbar unter: https://piie.com/system/files/documents/piieb17-2.pdf [abgerufen am 22.11.2018]

Scotiabank Economics [Changes, 2017]: NAFTA: Data at Odds with Proposed Changes to Auto Rules of Origin, Global Economics Report, 19.12.2017, abrufbar unter:https://www.gbm.scotiabank.com/content/dam/gbm/scotiaeconomics63/2017-12-19_I&V.pdf [abgerufen am 22.11.2018]

Scotiabank Economics [USMCA, 2018]: NAFTA: USMCA Preserves Open Trade in North America, Global Economics Report, 01.10.2018, abrufbar unter: https://www.gbm.scotiabank.com/content/dam/gbm/scotiaeconomics63/2018-10-01_I&V.pdf [abgerufen am 22.11.2018]

Smith, Adam [Wealth, 1776]: An Inquiry into the Nature and Causes of the Wealth of Nations, London: W. Strahan and T. Cadell, 1776

Süddeutsche Zeitung [Freihandelsabkommen, 2018]: USA, Kanada und Mexiko einigen sich auf neues Freihandelsabkommen, Süddeutsche Zeitung, Rubrik Wirtschaft, 01.10.2018, 04:58 Uhr, abrufbar unter: https://www.sueddeutsche.de/wirtschaft/eil-kanada-und-usa-einigen-sich-auf-grundlagen-fuer-neues-freihandelsabkommen-1.4111704 [abgerufen am 09.11.2018]

US Chamber of Commerce [Facts, 2017]: The Facts on NAFTA – Assessing Two Decades of Gains in Trade, Growth, and Jobs, 2017, abrufbar unter: https://www.uschamber.com/sites/default/files/the_facts_on_nafta_-_2017.pdf [abgerufen am 22.11.2018]

Villareal, M. Angeles/Fergusson, Ian A. [Agreement, 2017]: The North American Free Trade Agreement (NAFTA), CRS Report Nr. R42965, Washington, DC: Congressional Research Service, 2017, abrufbar unter: https://fas.org/sgp/crs/row/R42965.pdf [abgerufen am 08.11.2018]

Williams, Brock R. [Agreements, 2018]: Bilateral and Regional Trade Agreements: Issues for Congress, CRS Report Nr. R45198, 2018, abrufbar unter: https://fas.org/sgp/crs/row/R45198.pdf [abgerufen am 29.10.2018]

Wilson, Christopher [Economic, 2017]: Growing Together: Economic Ties between the United States and Mexico, Washington, D.C.: Woodrow Wilson International Center for Scholars, 2017, abrufbar unter: https://www.wilsoncenter.org/sites/default/files/growing_together_economic_ties_between_the_united_states_and_mexico.pdf [abgerufen am 10.11.2018]

World Bank Group [Value, 2017]: Global Value Chain Development Report 2017, Measuring and Analyzing the Impact of GVCs on Economic Development, Washington, DC: World Bank, 2017, abrufbar unter: https://www.wto.org/english/res_e/booksp_e/gvcs_report_2017.pdf [abgerufen am 22.11.2018]

Zentes, Joachim/Morschett, Dirk/Schramm-Klein, Hanna (Hrsg.) [Außenhandel, 2013]: Außenhandel: Marketingstrategien und Managementkonzepte, Wiesbaden: Gabler, 2013

Zylkin, Thomas [Agreements, 2016]: Beyond Tariffs: Quantifying Heterogeneity in the Effects of Free Trade Agreements, GPN Working Paper, Drexel Universität, 2016, abrufbar unter: http://citeseerx.ist.psu.edu/viewdoc/download?doi=10.1.1.670.2598&rep=rep1&type=pdf [abgerufen am 11.11.2018]

Anhang

Article 102: Objectives

1. The objectives of this Agreement, as elaborated more specifically through its principles and rules, including national treatment, most-favored-nation treatment and transparency, are to:

> (a) eliminate barriers to trade in, and facilitate the cross-border movement of, goods and services between the territories of the Parties;
>
> (b) promote conditions of fair competition in the free trade area;
>
> (c) increase substantially investment opportunities in the territories of the Parties;
>
> (d) provide adequate and effective protection and enforcement of intellectual property rights in each Party's territory;
>
> (e) create effective procedures for the implementation and application of this Agreement, for its joint administration and for the resolution of disputes; and
>
> (f) establish a framework for further trilateral, regional and multilateral cooperation to expand and enhance the benefits of this Agreement.

Abb. 1: Inhalte des Artikels 102 des NAFTA-Vertrages
Quelle: NAFTA Secretariat, North American Free Trade Agreement, Chapter I, Objectives, abrufbar unter: https://www.nafta-sec-alena.org/Home/Texts-of-the-Agreement/North-American-Free-Trade-Agreement?mvid=1&secid=5a1b5f25-8904-4553-bf16-fef94186749e [abgerufen am 04.11.2018]

US-Handel mit Mexiko 1993					
Exporte (41,6 Mrd. US$)			Importe (40,7 Mrd. US$)		
	Mrd. US$	Anteil		Mrd. US$	Anteil
Elektrische Maschinen und Geräte	8,5	20,40%	Elektrische Maschinen und Geräte	11,1	27,30%
Kernreaktoren, Kessel, Maschinen	6	14,40%	nicht schienengebundene Landfahrzeuge, Teile davon und Zubehör	6,2	15,20%
nicht schienengebundene Landfahrzeuge, Teile davon und Zubehör	4,7	11,30%	Mineralische Brennstoffe; Mineralöle, Erzeugnisse ihrer Destillation	5,1	12,50%
Kunststoffe und Waren daraus	2,1	5%	Kernreaktoren, Kessel, Maschinen	3,7	9,10%
Optische, fotografische oder kinematografische Geräte	1,8	4,30%	Zusammenstellungen verschiedener Waren	1,7	4,20%
Zusammenstellungen verschiedener Waren	1,7	4,10%	Optische, fotografische oder kinematografische Geräte	1,4	3,40%
Papier und Pappe	1,1	2,60%	Möbel, Beleuchtungskörper	1	2,50%
Mineralische Brennstoffe; Mineralöle, Erzeugnisse ihrer Destillation	1	2,40%	Kleidung und Bekleidungszubehör	1	2,50%
Organische chemische Erzeugnisse	0,9	2,20%	Gemüse, Pflanzen, Wurzeln	1	2,50%
Möbel, Beleuchtungskörper	0,83	2%	Waren aus Eisen und Stahl	0,5	1,30%

Tabelle 1: US-Mexiko Handel 1993: Top 10 Import- und Exportgüter
Quelle: Eigene Darstellung auf Grundlage von Daten der UN Comtrade Datenbank, abrufbar unter: https://comtrade.un.org/labs/dit-trade-vis/?reporter=842&partner=484&type=C&year=1993&flow=2 [abgerufen am 10.11.2018]

Anmerkung: Die Berechnungen basieren auf dem 2-stelligen Harmonized Commodity Description and Coding System (HS Code). Auf dieser 2-stelligen Ebene werden die Güter in 99 verschiedene Kapitel eingeteilt.

Anhang

US-Handel mit Mexiko 2017					
Exporte (243,3 Mrd. US$)			Importe (317,2 Mrd. US$)		
	Mrd. US$	Anteil		Mrd. US$	Anteil
Kernreaktoren, Kessel, Maschinen	42,8	17,60%	nicht schienengebundene Landfahrzeuge, Teile davon und Zubehör	84,1	26,50%
Elektrische Maschinen und Geräte	41,3	17,00%	Elektrische Maschinen und Geräte	62,2	19,60%
Mineralische Brennstoffe; Mineralöle, Erzeugnisse ihrer Destillation	26,5	10,90%	Kernreaktoren, Kessel, Maschinen	54,4	17,20%
nicht schienengebundene Landfahrzeuge, Teile davon und Zubehör	21,1	9%	Optische, fotographische oder kinematografische Geräte	14,1	4,40%
Kunststoffe und Waren daraus	16,6	6,80%	Mineralische Brennstoffe; Mineralöle, Erzeugnisse ihrer Destillation	11,6	3,70%
Zusammenstellungen verschiedener Waren	7,1	2,90%	Möbel, Beleuchtungskörper	11	3,50%
Optische, fotographische oder kinematografische Geräte	6,9	2,80%	Zusammenstellungen verschiedener Waren	8,8	2,80%
Organische chemische Erzeugnisse	5,5	2,30%	Früchte und Nüsse	7,2	2,30%
Waren aus Eisen und Stahl	5,2	2,10%	Gemüse, Pflanzen, Wurzeln	6,2	2,00%
Eisen und Stahl	4,6	1,9%	Perlen, Edel- und Schmucksteine, Edelmetalle	5,3	1,70%

Tabelle 2: US-Mexiko Handel 2017: Top 10 Export- und Importgüter
Quelle: Eigene Darstellung auf Grundlage von Daten der UN Comtrade Datenbank, abrufbar unter: https://comtrade.un.org/labs/dit-trade-vis/?reporter=842&partner=484&type=C&year=2017&flow=2 [abgerufen am 10.11.2018]

Anmerkung: Die Berechnungen basieren auf dem 2-stelligen Harmonized Commodity Description and Coding System (HS Code). Auf dieser 2-stelligen Ebene werden die Güter in 99 verschiedene Kapitel eingeteilt.

Anhang

US-Handel mit Mexiko 1993					
Exporte (41,6 Mrd. US$)			Importe (40,7 Mrd. US$)		
	Mrd. US$	Anteil		Mrd. US$	Anteil
Elektrische Maschinen und Geräte	8,5	20,40%	Elektrische Maschinen und Geräte	11,1	27,30%
Kernreaktoren, Kessel, Maschinen	6	14,40%	nicht schienengebundene Landfahrzeuge, Teile davon und Zubehör	6,2	15,20%
nicht schienengebundene Landfahrzeuge, Teile davon und Zubehör	4,7	11,30%	Mineralische Brennstoffe; Mineralöle, Erzeugnisse ihrer Destillation	5,1	12,50%
Kunststoffe und Waren daraus	2,1	5%	Kernreaktoren, Kessel, Maschinen	3,7	9,10%
Optische, fotographische oder kinematografische Geräte	1,8	4,30%	Zusammenstellungen verschiedener Waren	1,7	4,20%
Zusammenstellungen verschiedener Waren	1,7	4,10%	Optische, fotographische oder kinematografische Geräte	1,4	3,40%
Papier und Pappe	1,1	2,60%	Möbel, Beleuchtungskörper	1	2,50%
Mineralische Brennstoffe; Mineralöle, Erzeugnisse ihrer Destillation	1	2,40%	Kleidung und Bekleidungszubehör	1	2,50%
Organische chemische Erzeugnisse	0,9	2,20%	Gemüse, Pflanzen, Wurzeln	1	2,50%
Möbel, Beleuchtungskörper	0,83	2%	Waren aus Eisen und Stahl	0,5	1,30%

Tabelle 3: US-Kanada Handel 1993: Top 10 Export- und Importgüter
Quelle: Eigene Darstellung auf Grundlage von Daten der UN Comtrade Datenbank, abrufbar unter: https://comtrade.un.org/labs/dit-trade-vis/?reporter=842&partner=124&type=C&year=2017&flow=2 [abgerufen am 10.11.2018]

Anmerkung: Die Berechnungen basieren auf dem 2-stelligen Harmonized Commodity Description and Coding System (HS Code). Auf dieser 2-stelligen Ebene werden die Güter in 99 verschiedene Kapitel eingeteilt.

Anhang

US-Handel mit Kanada 2017					
Exporte (282,2 Mrd. US$)			Importe (305,9 Mrd. US$)		
	Mrd. US$	Anteil		Mrd. US$	Anteil
nicht schienengebundene Landfahrzeuge, Teile davon und Zubehör	51,6	18,3%	Mineralische Brennstoffe; Mineralöle, Erzeugnisse ihrer Destillation	77,3	25,3%
Kernreaktoren, Kessel, Maschinen	42,5	15,1%	nicht schienengebundene Landfahrzeuge, Teile davon und Zubehör	56,2	18,4%
Elektrische Maschinen und Geräte	25,4	9,0%	Kernreaktoren, Kessel, Maschinen	21,5	7,0%
Mineralische Brennstoffe; Mineralöle, Erzeugnisse ihrer Destillation	19,6	6,9%	Zusammenstellungen verschiedener Waren	17,3	5,7%
Kunststoffe und Waren daraus	13,2	4,7%	Kunststoffe und Waren daraus	11	3,6%
Optische, fotografische oder kinematografische Geräte	8,5	3,0%	Holz und Holzwaren; Holzkohle	10,7	3,5%
Luftfahrzeuge und Raumfahrzeuge, Teile davon	8,2	2,9%	Aluminium und Waren daraus	8,5	2,8%
Zusammenstellungen verschiedener Waren	7,3	2,6%	Elektrische Maschinen und Geräte	7,6	2,5%
Waren aus Eisen und Stahl	6,1	2,2%	Papier und Pappe	6	2,0%
Möbel, Beleuchtungskörper	5,1	1,8%	Luftfahrzeuge und Raumfahrzeuge, Teile davon	5,3	1,7%

Tabelle 4: US-Kanada Handel 2017: Top 10 Export- und Importgüter
Quelle: Eigene Darstellung auf Grundlage von Daten der UN Comtrade Datenbank, abrufbar unter: https://comtrade.un.org/labs/dit-trade-vis/?reporter=842&partner=124&type=C&year=2017&flow=2 [abgerufen am 10.11.2018]

Anmerkung: Die Berechnungen basieren auf dem 2-stelligen Harmonized Commodity Description and Coding System (HS Code). Auf dieser 2-stelligen Ebene werden die Güter in 99 verschiedene Kapitel eingeteilt.